Coco Petit

Zu Fuß durch ZÜRICH

12 Spaziergänge

Droste Verlag

AUS DEM INHALT

Zu Fuß durch ZÜRICH

VORWORT

Ein Haus ist ein Haus: Man kann es bewundern und sich vorstellen, wer darin wohnt. Aber erst, wenn man die Geschichte dahinter kennt, füllt sich dieses Haus mit Leben. Es wird einem bewusst, was für Ideen, Visionen und Erlebnisse die Menschen hatten, die damit verbunden sind. Je mehr man erfährt, umso lebendiger wird das Ganze und man beginnt, sich mit einem Menschen, den Geschichten und einer Stadt zu identifizieren. Die Vergangenheit hat unsere Kultur geprägt und ist die Basis unserer Werte. Wenn wir nach Begründungen suchen und jemanden in seinem Handeln und Denken verstehen möchten, hilft es oftmals, wenn wir die Vergangenheit betrachten. Neben fesselnden Geschichten findet man nebenbei vielleicht auch Erklärungen, weshalb wir so sind, wie wir sind. Diese Gedanken haben mich geleitet auf meinen Spaziergängen durch meine Heimatstadt Zürich, die ich hier gerne mit den Lesern teilen möchte.

Zürich hat genau zwölf Stadtkreise und so war es eine logische Konsequenz, jedem Kreis einen Spaziergang zu widmen. Dabei habe ich die Stadt und ihre Quartiere erforscht und amüsante und aufschlussreiche Geschichten zusammengetragen. Ich lade herzlich dazu ein, Zürich in aller Tiefe und aus einer neuen Perspektive kennenzulernen – nicht nur die mittelalterliche Altstadt, sondern auch die Gartenstadt Schwamendingen und das industrielle Oerlikon, ein aufstrebendes Altstetten und die Villen im Seefeld. Erlebe die Abgeschiedenheit in Witikon (mit einer der eindrucksvollsten Kirchen, die ich je gesehen habe) und die Berglage am Zürichberg, die Genossenschaftswohnungen im trendigen Industriequartier und im multikulturellen Kreis vier rund um die Langstrasse. Entdecke die vielen genialen Menschen, die ihre letzte Ruhestätte in Wiedikon gefunden haben, und die herrschaftlichen Parks in der Enge. Jeder Stadtteil hat seine eigene, faszinierende Geschichte. Jedem Kreis habe ich ein Thema gewidmet, damit möglichst viele Facetten der Stadt sichtbar werden. Und genau deshalb ist dieses Buch für Zürcher genauso spannend wie für Besucher.

Coco
Petit

Danke

Vielen Dank meinen lieben Freunden, Kollegen und der Familie, die mich unterstützt haben und meine Spaziergänge und die Wegbeschreibungen getestet und mir wertvolle Tipps gegeben haben: Ein großes «Merci» an Jann & Hera, Simon, Mamutsch, Stephan, Vinith & Mareike, Julia, Reto und Martin! Und lieben Dank auch an alle interessanten Menschen, die ich im Zusammenhang meiner Recherche kennengelernt habe und die ihre Geschichten mit mir geteilt haben.

1 ALTSTADT

Start: Bahnhof Stadelhofen, 8001 Zürich
(GPS: 47.3665944, 8.5479448)
Ziel: Central, 8001 Zürich
Länge: ca. 1,8 Kilometer
Dauer: ca. 2 Stunden
ÖPNV: Haltestelle Bahnhof Stadelhofen, Tram 8, 11, 15, diverse S-Bahnen
Parken: Parkhaus Opéra, Schillerstrasse 5, 8001 Zürich

Unterwegs entdeckt:

1. Vollenweider Chocolatier Confiserie
2. Café Felix
3. Oberdorfbeck Vohdin
4. Hasta Ice Cream
5. Genusswarengeschäft Schwarzenbach
6. Café & Confiserie 1842
7. Älpli-Bar
8. Äss-Bar
9. Crêperie Hirschenplatz
10. Bonne Maman
11. Chäs Chäller – Urban Food Store

Essen + Trinken:

Wer zwischendurch etwas Salziges mag, ist im **Mère Catherine,** Nägelihof 3, 8001 Zürich, Tel. +41 (44) 250 59 40 (www.mere-catherine.ch) gut aufgehoben. Das kleine, sympathische, französische Restaurant ist gut versteckt und nicht nur deshalb ein Geheimtipp.

Einzigartig ist das mystische Ambiente der **Weinschenke** des Hotel Hirschen, Niederdorfstrasse 13, 8001 Zürich, Tel. +41 (43) 268 33 33 (www.hirschen-zuerich.ch). Im mittelalterlichen Gewölbekeller kann man bei Kerzenlicht ein Glas Wein genießen.

Die süße Seite des Lebens

Ein Land, das so viele leckere regionale Süßigkeiten kennt, muss ein Schlaraffenland sein! Auf dem Spaziergang durch die Altstadt degustieren wir, wie das süße Zürich schmeckt, in all seinen Facetten: gepunktete Giraffentorten mit Mandelbiskuit und dunklen Schokoladestückchen, luftiges Gebäck vom Traditionsbäcker, farbige Törtchen mit cremiger Füllung. Altbekannte lokale Süßigkeiten treffen auf Neu-Kreationen aus aller Welt. Wir erfahren, weshalb sich ein Argentinier in der Schweiz pudelwohl fühlt und lesen die Geschichten von traditionsreichen Familienunternehmen, die Zürichs kulinarisches Gesicht prägen.

Der Spaziergang startet am Bahnhof Stadelhofen, dessen neue, aus Beton und Stahl gestaltete Perron-Überdachung an die Rippen eines Stiers erinnert. Die Idee stammt von Santiago Calatrava, dem international beachteten Architekten, der in Zürich schon zahlreiche Bauten umgesetzt hat. Beim Spazieren über den Stadelhoferplatz fällt in der Mitte des Platzes die prunkvolle, gusseiserne Fontäne auf, die seit 1869 den Platz schmückt. Dank des Beleuchtungsplans „Plan Lumière" wird sie nachts zum strahlenden Mittelpunkt.

Vollenweider Chocolatier Confiserie

An der Theaterstrasse angekommen, drehen wir nach links für einen halben Häuserblock und gehen bei der Tramhaltestelle über die Straße.

Durch das Schaufenster von ❷ **Vollenweider** erblickt man eine verführerische Auswahl süßer Leckereien wie die berühmte Giraffentorte, bunte Macarons und verzierte Pralinés. Der Familienbetrieb aus Winterthur existiert seit 1943, als Willi Vollenweider eine Confiserie und Chocolaterie eröffnete. Heute führen Gregor Vollenweider, seine Schwester Carole und Mutter Marianne die sechs Standorte

Café Felix

mit rund 60 Mitarbeitenden. Vollenweider stellt hochwertige Bio-Schokolade aus den besten Zutaten her, darunter Grand Cru Bio-Kakaobohnen aus der Dominikanischen Republik und Ecuador sowie Bio-Bourbon-Vanille aus Madagaskar. Alle anderen Zutaten wie Zucker und Milch stammen zu 100 Prozent aus der Schweiz, und anstelle von Soja-Lecithin wird GVO-freies Sonnenblumen-Lecithin verwendet.

Die passionierte Handwerkskunst, kompromisslose Qualität, bewusste Rohstoff- und Verpackungswahl sowie Liebe zum Detail zeigen sich darin, dass der berühmte Schweizer Astronaut Claude Nicollier auf seiner ersten Weltraummission 1992 und allen folgenden Flügen stets Vollenweider-Schokolade mit im Gepäck hatte. Aus dem Geschäft kommend drehen wir links.

Über den Sechseläutenplatz Richtung Limmat kommen wir zum Bellevue. Nach dem Überqueren der Rämistrasse stehen wir bereits vor dem 2 **Café Felix,** einem der schönsten Cafés der Stadt. Felix' Geschichte begann vor 45 Jahren im Café Schober, als dieses seine Türen schloss und einen

Nachfolger suchte. Werner Wollenberger, legendärer Regisseur und Autor des Cabarets „Café Fédéral", übernahm das Lokal zusammen mit Felix Daetwyler. Felix verwandelte die historische Konditorei mit Unmengen von Krepppapierblumen in ein „Paradies für Naschkatzen" und entwarf dazu passende Pralinéverpackungen. Bei der Eröffnung servierte Stefanie Glaser, wohl eine der beliebtesten Schweizer Kabarettistinnen, den Gästen „Süßes und Schnäpsli", erinnert sich ein Gast. Nach 30 Jahren im Schober lockte es Felix ans Bellevue. Die Schokoladenspezialitäten werden bis heute von der Confiserie Teuscher hergestellt. Der Tösstaler Adolf Teuscher verwirklichte 1946 seinen lang ersehnten Wunsch und eröffnete ein Geschäft in der größten Schweizer Stadt:

Oberdorfbeck Vohdin

Zürich. 1947 folgte das heißeste Jahr des Jahrhunderts, das dem Schokoladenspezialisten zum Problem wurde. Er überlegte hin und her, wie die Lösung aussehen könnte. Im Schlaf träumte er von einer neuen Spezialität, die mit Champagner gemacht werden sollte. Frühmorgens tüftelte er in seiner „Backstube" so lange herum, bis er zufrieden war mit den Champagne Truffes.

Zurück auf der Rämistrasse gehen wir am geschichtsträchtigen Café Odeon, indem während der Weltkriege Revoluzzer, Dadaisten, Schriftsteller, Journalisten und Schauspieler verkehrten, vorbei den Berg hinauf, bis die Oberdorfstrasse links abgeht. An der Oberdorfstrasse 12 ist der 3 **Oberdorfbeck Vohdin** von Urs und Elvira Vohdin. Wenn jemand 400 Jahre im Geschäft ist, muss das einen guten Grund haben. Seit 1626 wird bei Vohdin, der ältesten und kleinsten Bäckerei Zürichs, gebacken. Von außen ist die Bäckerei nur ein kleines Fenster, drinnen türmen sich die leckeren Backwaren. Dieses Juwel der Altstadt ist bekannt für die von Urs im Steinofen, nach dem Rezept seiner Vorfahren gebackenen Butterbrezel. Schon als Dreijähriger verkündete Vohdin, dass er Bäcker werden wolle. Sein Urgroßvater, ein gebürtiger Deutscher, wollte eigentlich nach Amerika auswandern. Als er erfuhr, dass es auch in der Schweiz Arbeit für tüchtige Bäcker gebe, kam er nach Zürich, verliebte sich in eine Stadtzürcherin und kaufte 1895 die Bäckerei. Ein weiterer Grund, weshalb Kunden aus der ganzen Schweiz hierherkommen, sind die Amaretti Morbidi: innen köstlich weich und reich an Geschmack – göttlich! Die Bäckerei ist nur Dienstag bis Freitag 8–15 Uhr geöffnet.

Wir spazieren durch das Oberdorf, bis wir vor dem Grossmünster stehen. Hier geht es rechts steil die Kirchgasse hinauf, damit wir rechts um das Grossmünster herumspazieren können und ins Niederdorf gelangen. Das Grossmünster ist das Wahrzeichen Zürichs. Die einzigartigen Doppeltürme werden, mit einem zwinkernden Auge, wegen der speziellen Form der beiden Turmhelme von den Einheimischen auch als Salz- und Pfeffer-Streuer bezeichnet. Am Rande des gepflasterten Grossmünsterplatzes, wo

Hasta Ice Cream

Zwingli vor gut 500 Jahren die Reformation ausrief, findet man von April bis Oktober eine Gelateria mit einer ungewöhnlichen Herkunft: 4 **Hasta Ice Cream.** Hasta steht als Akronym für Heladeria Argentina-Suiza Totalmente Artesanal, was so viel bedeutet wie „argentinisch-schweizerische Gelateria, total handwerklich". Der Schweizer Gründer, Rolf, lebte 20 Jahre in Argentinien, das allgemein auch als das Italien Südamerikas bekannt ist. Zurück in der Schweiz vermisste er traditionelles, leckeres Eis, das in Argentinien wie auch in Italien am liebsten täglich gegessen wird. Also fing er selber an, „Helados" zu kreieren. Zuerst beglückte er damit seine Freunde und Familie, bis die Rezepte so ausgereift waren, dass er ein kleines Geschäft in Sion, im Wallis, eröffnen konnte. Nach 15 erfolgreichen Jahren folgte die Heladeria in Zürich auf dem Grossmünsterplatz, die von Paulo, Rolfs Sohn, geführt wird. Zu den Spezialitäten gehört das Eis „Dulce de Leche", mit einem Milchkaramell, das garantiert jeder kennt, der Argentinien einmal besucht hat.

Die Niederdorfstrasse ist gesäumt von kleinen Boutiquen und speziellen Läden. Einer davon ist das traditionelle 5 **Genusswarengeschäft Schwarzenbach** mit seiner historischen Verkaufstheke, dem wunderschönen Plattenboden und den schweren Holzregalen, die schon seit über 100 Jahren ihren Charme verbreiten. Das Geschäft wurde 1864 in St. Gallen vom Ur-Urgrossvater des heutigen Besitzers, Heini Schwarzenbach, gegründet. Der Genuss ist Familie Schwarzenbachs zentrale Motivation. Sie setzen sich mit jedem ihrer Produkte auseinander und kennen die meisten Produzenten persönlich.

Links des Genusswarengeschäfts ist die neue Schokolade und Espresso Bar Schwarzenbach, in der man den hauseigenen gerösteten Kaffee vor Ort genießen kann. Das Highlight ist die große Auswahl an edlen Schokoladen: Über 300 Kreationen von handwerklich hergestellten und wunderschön verpackten Schokoladenspezialitäten der besten Manufakturen sind ausgestellt.

Gegenüberliegend, quer über den Napfplatz, auf der anderen Straßenseite, ist das Lokal 6 **Café & Confiserie 1842.** Es ist weit über die Stadtgrenzen hinaus bekannt für seine heiße Trinkschokolade aus echter Couverture. Das Traditionslokal steht seit Generationen hoch im Kurs für Patisserie, Süssigkeiten und Kuchen. Beim Eintreten fällt die jahrhundertealte, verschnörkelte, riesige Kasse aus Silber auf, die zwischen den beiden Vitrinen mit den kunstvoll verzierten Köstlichkeiten thront. Das altehrwürdige Haus im neobarocken Stil besteht aus verschiedenen offenen Stockwerken, die unterschiedlich eingerichtet sind. Durch den Verkaufsraum hindurch gelangt man in den Erfrischungsraum oder in die „Trinkhalle", wie sie bei der Gründung 1842 als „Eberles Süsskramladen", hieß. Das Ambiente genießen kann man auch im verträumten Innenhöfli mit dem plätschernden Brunnen oder ganz exklusiv im Salon Rouge oder in der Züri-Stube. Heute wird das Lokal von der Stiftung Arbeitskette betrieben, die Jugendlichen und Erwachsenen mit einer Leistungsbeeinträchtigung Arbeits- und Ausbildungsplätze gibt. Dank

Genusswarengeschäft Schwarzenbach

Älpli-Bar

der Begleitung ins Berufsleben erhalten die Menschen eine Grundlage für ein selbstbestimmtes Leben.

Wieder zurück auf der Niederdorfstrasse gehen wir in der gleichen Richtung weiter und biegen in die erste kleine Gasse links, in die Ankengasse. Nach wenigen Metern stehen wir vor der traditionsreichen 7 **Älpli-Bar.** Sucht man etwas jenseits des Mainstreams, wird man hier fündig. Beim Eintritt in die urige Bar wird schnell klar, dass hier die Zeit stehen geblieben ist. Die Wirtin, Katie Halter, führt das Lokal seit mehr als 30 Jahren und garantiert, dass Schweizer Folklore hier leibhaftig erlebt werden kann. Von Dienstag bis Samstag um 20 Uhr treten auf der kleinen Bühne in der Gaststube Kapellen auf und spielen Ländler Musik. Sobald das Schwyzerörgeli aufspielt, fühlt man sich in eine andere Welt versetzt: in die Berge, in eine Alpstube. Die heitere Stimmung ist so ansteckend, dass die Gäste manchmal mitsingen, jodeln, Taler schwingen oder sich sogar auf die Bühne wagen und mitspielen. Am besten ordert man die typische Älpli-Milch. Das gefährlich süß schmeckende Getränk wird in großen Kannen gereicht, das Rezept ist geheim.

Äss-Bar

Wir gehen zurück zur Niederdorfstrasse und biegen links ab, um in der gleichen Richtung weiterzugehen. Nach etwa 150 Metern entdecken wir, ein bisschen versteckt, aber dank der großen Tafel auf der gepflasterten Niederdorfstrasse gut zu finden, die 8 **Äss-Bar.** Die Pioniere der

Anti-Foodwaste-Bewegung in der Schweiz entschieden 2013, dass Patisserie, Kuchen, Brote und Sandwiches viel zu schade sind, um im Müll zu landen. Jeden Morgen holen die fast 100 Mitarbeiter die am Vortag nicht verkauften Backwaren bei den Bäckereien und Konditoreien der Region ab und verkaufen sie zu stark vergünstigten Preisen in den sehr beliebten Shops. Es herrscht ein reges Kommen und Gehen – von Studentinnen, über Einheimische und Touristen, bis zu Bankern und Geschäftsfrauen trifft man hier jegliche Couleur an Kundschaft. Dank der neun Shops in sieben Schweizer Städten werden täglich über 2 Tonnen Lebensmittel gerettet! Die vielen Kunden, die zahlreichen gewonnen Preise und die leeren Gestelle am Feierabend beweisen, dass Nachhaltigkeit in Zürich voll im Trend ist.

Crêperie Hirschenplatz

Die besten Crêpes der Stadt gibt es seit bald 50 Jahren am Stand der 9 **Crêperie Hirschenplatz.** Viele Stammgäste kennen sie seit Kindertagen. Mit wie viel Emotionen der Verkaufsstand auf dem Hirschenplatz verbunden ist, zeigt folgende Geschichte: 1989 erhielten die Betreiber der Crêperie dicke Post. Die übereifrige Gewerbepolizei wollte die Bewilligung entziehen, weil angeblich eine „Rechtsungleichheit" gegenüber anderen, abgelehnten Gesuchen bestand. Sie handelten aus der Sorge heraus, dass sie Hunderten anderer Betreiber auch eine Lizenz geben müssten und weil eine Dauerbewilligung für Verkaufsstände grundsätzlich verboten war. Es gab eine offene Aussprache auf dem Hirschenplatz zwischen den Behörden, den Betreibern und der interessierten Öffentlichkeit. In kürzester Zeit kamen 2000 Unterschriften zusammen, die gegen den Verlust eines Stücks kulinarischer Kultur auf dem Hirschenplatz demonstrierten. Man betonte, wie wichtig die Institution für die Altstadtkulisse sei. Als sich auch noch die Politiker einschalteten und beim Parlament ein Postulat einreichten, endete der Konflikt mit dem Widerruf der Kündigung. Viele Fans lieben die Klassiker unter den Crêpes mit Zimt-Zucker, Apfelmus oder Spinat-Käse. Ein Highlight ist die Crêpe „Caramel au beurre salé".

Vom Hirschenplatz führt eine breite Gasse zum Zähringerplatz und der Predigerkirche. Auf halbem Weg liegt rechterhand das kleine, süße Café ⑩ **Bonne Maman,** das liebevoll im Vintage-Stil eingerichtet ist. Melanie und Gareth

Bonne Maman

Jones Traum wurde 2011 wahr, als das junge Paar den Laden „Cupcake Affair" eröffnete. Die beiden hofften darauf, dass die traditionellen, aus der englischsprachigen Kultur bekannten Törtchen den Geschmack der Schweizer treffen würden – und behielten recht. Die beiden Jungunternehmer verkauften den Shop vor ein paar Jahren an den französischen Marmeladenhersteller „Bonne Maman". Die Basis der Cupcakes ist ein Rührteig. Getoppt wird der Mini-Cake mit einer Creme oder einem Icing. Die bunten Cupcakes gibt es in zwei Größen – falls man sich einmal nicht entscheiden kann, ist es so möglich, mehrere kleine zu wählen. Ein Renner sind die Hochzeitstorten aus Cupcakes: Eine Etagère voller Cupcakes sieht mindestens genauso schön aus, wie eine mehrstöckige Hochzeitstorte und hat zudem den Vorteil, dass jeder Gast sein eigenes Törtchen hat.

Zurück beim Hirschenplatz setzen wir unseren Spaziergang Richtung Central fort und stoppen ein letztes Mal vor dem 11 **Chäs Chäller – Urban Food Store.** Hier gibt es das ganze Sortiment an Taucherli-Schokoladen. Die kleine Manufaktur in Adliswil, an der Stadtgrenze Zürichs, ist benannt nach einem heimischen schwarzen Entchen mit weißem Schnabel. Sein offizieller Name ist „Blesshuhn", doch in Zürich wird es „Taucherli" genannt, weil es oft und gerne abtaucht. Die Taucherli-Geschichte begann mit einer Praline am Stiel, die der Kenner in warme Milch tauchte. Schon bald erweiterte Inhaber und Schokoladen-Profi Kay Keusen das Sortiment mit Schokoladentafeln und Schoggi-Fondue. Die Taucherli-Schokoladen werden ausschließlich aus biologischen Zutaten und von Hand hergestellt. Der Chocolatier wagt immer wieder außergewöhnliche Kombinationen. So ließ er sich zum Beispiel von den leuchtenden Rapsfeldern inspirieren und kreierte mit gerösteten Rapssamen eine in der Konsistenz unvergleichliche, nussig schmeckende Schokolade. Keusen experimentiert mit Chili, Himbeeren, prickelndem Popping-Candy, Rosenblüten und vielem mehr und schafft Schokoladen, die anders sind als anderswo.

Nun sind es nur noch wenige Schritte bis zum Central, von wo aus uns die Trams in alle Stadtteile bringen.

Chäs Chäller – Urban Food Store

2 ENGE

Start/Ziel: Bahnhof Enge, 8002 Zürich
(GPS: 47.3640792, 8.5308349)
Länge: ca. 4,2 Kilometer
Dauer: ca. 2 Stunden
ÖPNV: Haltestelle Bahnhof Enge, Tram 5, 6, 7, 13, S-Bahn 2, 8, 24
Parken: Parkplatz Mythenquai 21, 8002 Zürich

Unterwegs entdeckt:

1. Bahnhof Enge
2. Liceo Artistico
3. Kirche Enge
4. Museum Rietberg
5. Belvoirpark
6. Sukkulentensammlung
7. Hafen Enge Beiz
8. Arboretum
9. Fifa-Museum

Essen + Trinken:

In einem wunderbar historischen und urgemütlichen Ambiente präsentiert sich das **Kaffee Zytlos,** Bederstrasse 25, 8002 Zürich, Tel. +41 (77) 533 12 70 (https://zyt-los.com), in dem tagsüber jeder mit offenen Armen empfangen wird. Es bietet köstliche Kaffee-Spezialitäten auf höchstem Niveau.

Sich mit einem Mix aus Zürcher Traditionen und weltoffener Küche verwöhnen lassen kann man im gepflegten **Restaurant Belvoirpark,** Seestrasse 125, 8002 Zürich, Tel. +41 (44) 286 88 44 (www.belvoirpark-restaurant.ch) – im Sommer im Park-Bistro oder auf der Terrasse und im Winter in der geschichtsträchtigen Villa.

Gepflegte Parks und vornehme Villen

Die Enge liegt am linken Zürichsee-Ufer und ist geprägt von vornehmen Bürgerhäusern, schicken Villen, farbigen Gärten, Parkanlagen und dem See. Bis zur Eingemeindung 1893 galt die Enge als „Vorstadt der Millionäre". Kein Wunder, dass die Engemer die Vereinigung ablehnten. Noch heute ist es eines der Quartiere mit der tiefsten Sozialhilfequote und der größten Wohnfläche pro Person. Der schöne Bahnhof, die Seebäder und die eleganten Parks verleihen diesem Stadtteil mediterranen Flair. Wir erfahren unter anderem, wo die Kunstschmiede ist und wie sich Richard Wagner von seiner Muse inspirieren ließ.

Bahnhof Enge

Wir starten den Spaziergang am ❶ **Bahnhof Enge,** dem vermutlich schönsten der 13 Stadtbahnhöfe. Er liegt auf dem Weg Richtung Gotthard und war bei der Eröffnung 1927 das eigentliche „Tor zur Sonnenstube im Süden". Jede Reise Richtung Tessin, dem italienischsprachigen Teil der Schweiz, und in die Berge nach Graubünden startete von diesem Bahnhof. Als Vorbild für das Bauwerk diente der achsensymmetrische Stuttgarter Hauptbahnhof. Passenderweise setzten die Architekten Otto und Werner Pfister als Baumaterial markanten Granit ein, der dem Gotthard-Massiv entnommen wurde.

Das halbrunde Bahnhofsgebäude umrahmt den Tessinerplatz. Mitten auf dem Platz steht der 2006 eingeweihte Tessinerbrunnen, ein Geschenk des Bildhauer- und Steinmetzmeisterverbandes an die Stadt Zürich, zum 100-jährigen Bestehen des Verbandes. Das Kunstwerk „Lago Montagna" symbolisiert den Alpenrücken, welcher das Tessin mit der Deutschschweiz verbindet. Der Brunnen mit seinen beleuch-

Liceo Artistico

teten Trinksprudeln wurde von 37 Bildhauermeistern in über 1000 Stunden behauen und sanft geschliffen aus einem acht Meter langen und 15 Tonnen schweren Monolithen aus dem reizvollen Maggiatal.

Wir gehen zurück zum Bahnhof, dann stadteinwärts am Bahnhofsgebäude entlang und überqueren die Bederstrasse. Kurz rechts, nehmen wir gleich die erste wieder links, die Ulmbergstrasse. Nach dem ersten Block gehen wir wieder links und biegen in den Parkring ein. Auf der rechten Straßenseite befindet sich das in der fantastischen Villa „Dem Schönen" untergebrachte schweizerisch-italienische Kunstgymnasium ② **Liceo Artistico.** Umgeben von einem mystischen Park, in dem Kunstschüler bei schönem Wetter draußen werken und gestalten, steht die herrschaftliche Villa, die ein bisschen an Harry Potters Hogwarts erinnert. An der öffentlichen Kantonsschule werden per Numerus clausus nur die besten 48 Schülerinnen und Schüler pro Jahrgang aufgenommen. Das Herrenhaus wurde 1989 von der weit über die

Landesgrenzen hinaus bekannten Architektin Tilla Theus von einem Wohnhaus zu einem Gymnasium umgebaut.

Am Ende der Straße überqueren wir die Gutenbergstrasse, die nach dem Erfinder des modernen Buchdrucks benannt ist. Geradeaus gehen wir weiter über den Parkplatz und an seinem Ende den kleinen Weg links, den Hügel hinunter bis wir wieder bei der Bederstrasse sind. Wenn wir diese überquert haben, stehen wir direkt vor dem prächtigen roten, 1924 erbauten Kirchgemeindehaus Enge mit dem Kaffee Zytlos. Im Raum des Friedens, neben dem Café, kann man dank liebevoller Achtsamkeit zu sich selbst finden mit Meditationen und kostenlosen Yoga-Lektionen.

Das Liceo Artistico am „Open House – Architektur für Alle"-Wochenende Anfang Oktober besuchen.

Kaffee Zytlos

Kirche Enge

Ein Weg führt rechts am Haus und dem Park vorbei, hinauf zur Reformierten 3 **Kirche Enge.** Die Kirche, die dank ihrer markanten Lage auf einem Hügel aus weiter Ferne zu sehen ist, nennen die Zürcher dank dem Aufstieg auf der doppelläufigen Freitreppe zum Hauptportal und in Anlehnung an Paris das „Sacre Coeur von Zürich". Das monumentale Bauwerk mit der großen Kuppel ist eines der wichtigsten Architekturbeispiele der Neurenaissance. Der Architekt, Friedrich Bluntschli, ließ sich von der Kirche St. Peter und Paul in Winterthur inspirieren. Diese hatte sein Lehrer an der Eidgenössischen Technischen Hochschule, der berühmte Gottfried Semper, geplant. Es entstand ein Wahrzeichen, mit dem sich die Engemer Bevölkerung identifiziert: ein repräsentativer, der Stadt und dem See zugewandter Kuppelbau mit einem Turm im Stil eines italienischen Campanile. Bis 1200 Personen haben Platz in der Kirche – das macht sie zu einer der größten der Stadt. Um sich den veränderten Bedürfnissen der Bevölkerung anzupassen, organisiert die Kirche auch außergewöhnliche Veranstaltungen, wie Jazzgottesdienste, Klangmeditationen und Evenrock (Gottesdienste mit Rockmusik).

Wir gehen am Eingang der Kirche vorbei, rechts um die Kirche herum und auf der Bürglistrasse nach links. Die Herkunft des Namens „Enge" deutet auf eine enge Stelle hin, wobei bis heute nicht geklärt ist, welche Stelle damit gemeint war. Vermutlich geht es um die Senke zwischen zwei Moränenhügeln, etwa auf der Höhe, auf der wir uns gerade befinden. Am Ende der Straße wählen wir den kleinen Weg, um geradeaus weiterzugehen, kommen am Schulhaus vorbei, an der Orangerie, dem Bonsai-Garten und an einem Quartiertreff. Nach dem Quartiertreff im Riegelhaus biegen wir links in die Gablerstrasse ein. Sie führt uns vor den schönsten und elegantesten Park der Stadt: den Rieterpark. Wir gehen vorerst aber noch am Eingang vorbei, ein paar Schritte weiter, bis zur Villa Schönberg, die sich auf der linken Seite der Gablerstrasse befindet. Sie gehört zum Museumskomplex, der aus drei Villen und einer Remise besteht. Adolph Rieter, der Baumwollindustrielle und spätere Besitzer, kaufte drei angrenzende Grundstücke und vereinte sie zu einem. Das ursprüngliche Riegelhaus ließ er abreißen und mit einer Villa ersetzen, der heutigen Villa Schönberg. Sein großes Anwesen war lange nur der Familie vorbehalten und wurde erst nach dem Zweiten Weltkrieg öffentlich, als die Erbengemeinschaft es für drei Millionen Franken an die Stadt verkaufte.

Villa Schönberg

Zurück beim Eingang an der Gablerstrasse gehen wir die paar Schritte zum Haupteingang des Rieterparks und des heutigen 4 **Museums Rietberg.** Darin befindet sich das einzige Kunstmuseum für außereuropäische Kulturen in der Schweiz, das eine international renommierte Sammlung besitzt. Seit 1952 zeigt es Kunstschätze aus Afrika, Amerika, Asien und Ozeanien. 2007 wurden die drei historischen Villen um den größtenteils unterirdischen Erweiterungsbau „Smaragd" ergänzt und somit die Museumsfläche nahezu verdoppelt. Der attraktive, luftig wirkende grün-gläserne Eingangspavillon schmiegt sich perfekt in den Park ein. Beim Parkeingang kommt man zuerst an der Remise (noch heute sind Halterungen für Pferde an der Außenwand sichtbar) vorbei und dann zur Villa Wesendonck. Der deutsche Seidenfabrikant Otto Wesendonck kaufte das Grundstück 1851 und ließ sich vom Thüringer Kunstgärtner Theodor Froebel eine Wohnvilla mit zauberhaftem Park gestalten. Zur gleichen Zeit flüchtete Richard Wagner nach dem Dresdner Maiaufstand nach Zürich. Er folgte seinem Freund Gottfried Semper und vielen anderen Revolutionskämpfern in die Schweiz. Die durch ihre Bürger demokratisch regierte Stadt war ein guter Nährboden der freigeistigen Gesinnung – und Wagner wurde zum gefeierten Mittelpunkt des Zürcher Kulturlebens. Der großzügige Kunstmäzen Otto

Museum Rietberg

Wesendonck stellte Wagner und seiner Frau Minna ein Nebenhaus zur Verfügung. Wagner empfing viel Besuch, unter anderem von Franz Liszt und seiner Tochter Cosima. Seine Zürcher Jahre waren sehr produktiv: Er dichtete die Ring-Nibelungen, las sie öffentlich vor, komponierte Opern (u. a. Tristan und Isolde) und Libretti, schrieb Regieanweisungen und gab Konzerte, die er selbst dirigierte. In der schönen Frau seines Gastgebers, Mathilde, fand er eine Muse, die ihn inspirierte und für die er eine erotische Passion entwickelte. Als seine Frau Minna einen Liebesbrief an Mathilde fand, kam es zum Eklat: Das Ehepaar trennte sich. Minna ging zurück nach Dresden und Richard zog weiter nach Venedig. Jahre später verkaufte Wesendonck die Villa samt Park an den Winterthurer Adolph Rieter.

Belvoirpark

Rechts der Villa Wesendonck spazieren wir auf dem Hauptweg durch den Park Richtung Süden, zuerst 50 Meter geradeaus, dann in einem Linksbogen leicht den Hügel hinunter, bis wir bei der nächsten Verzweigung an der Park-Villa Rieter, der dritten Villa, vorbeikommen. Der Weg unter der Villa führt zum Parkeingang an der Seestrasse.

Wir überqueren sie und stehen wieder vor einem Eingang zu einem Park – dem 5 **Belvoirpark.** Hier wuchs einer der wichtigsten Pioniere der Schweiz auf und hier verbrachte er fast sein ganzes Leben: Alfred Escher. Sein Vater, der in Amerika zu Geld gekommen war, kaufte das Grundstück und baute in dessen Mitte die Villa als Wohnhaus für seine Familie. Der begeisterte Botaniker importierte Bäume aus den USA und ließ einen Park gestalten, wie man es in dieser Zeit noch nicht kannte.

Im Sommer betreiben Hotelfachschüler ein Bistro im wunderschönen Belvoirpark.

Escher selbst begann schon jung zu politisieren und als 1848 die neue Bundesverfassung verabschiedet wurde und die ersten Parlamentswahlen stattfanden, wurde er im Alter von 29 Jahren in den Nationalrat gewählt. Dieses Amt behielt er bis zu seinem Tode, insgesamt 34 Jahre. Er gehörte der aufstrebenden radikal-liberalen Bewegung an, die die Industrialisierung vorantrieb. Er setzte sich dafür ein, dass das Eisenbahnnetz nicht um die Schweiz herumgebaut wurde und das Land somit nicht abgekoppelt wurde. Der Visionär gründete die Nordost-Bahn und sorgte durch den Bau des Gotthard-Tunnels für eine rasche Verbindung zwischen Nord und Süd durch die Alpen. Bei der Eröffnung 1882 war der Gotthard-Tunnel mit 17 Kilometern der längste Eisenbahntunnel der Welt. Um dieses gewaltige Vorhaben zu realisieren, brauchte es Ingenieure, also war er Mitbegründer des Polytechnikums, heute Eidgenössische Technische Hochschule. Um das Projekt zu finanzieren, waren Geld und Kredite nötig, deshalb gründete er die Schweizerische Kreditanstalt, die später als Credit Suisse in der UBS aufging. Um das Risiko zu versichern, gründete er kurzerhand die Zürich Versicherung, um das Inventar und die Maschinen zu versichern, die Rentenanstalt, heute Swiss Life, als Lebensversicherung für die Arbeiter des gefährlichen Tunnelbaus und die Schweizer Rückversicherung, heute Swiss Re, die den anderen Versicherungen den Rücken stärkte. Doch es zeichnete sich schnell ab, dass die Kosten für den Tunnelbau das Budget um 10 Prozent überstiegen. Daraus drehte man Escher einen Strick und stellte ihn vor die Tatsache, das Projekt zu stoppen, falls er sich nicht freiwillig zurückzog. In der zweiten Hälfte des 19. Jahrhunderts vereinte er als Verwaltungsrat der einflussreichsten Firmen der Schweiz so viel Macht in einer Person, wie es nach ihm niemand mehr tat. Nach fast einem Jahrhundert unter der Leitung der Hotelfachschule hat dieses historische Haus mit seinem Restaurant neue Betreiber gewonnen. Diese bringen frischen Wind ein, indem sie Zürcher Traditionen mit der Vielfalt der weltoffenen Marktküche vereinen.

Sukkulentensammlung

Rechts an der altehrwürdigen Villa vorbei spazieren wir durch den Park, zuerst geradeaus, dann links den Hügel hinunter, zu den Wasserbecken. Bei der roten Backsteinmauer angekommen, folgen wir ihr rechts bis zum nächsten Parkausgang. Die Straßenunterführung leitet uns Richtung See. Beim Ausgang der Unterführung sehen wir rechts das Strandbad Mythenquai, gehen aber links über den Parkplatz bis zur ❻ **Sukkulentensammlung.** Seit bald 100 Jahren kann man hier kostenlos eine der weltweit größten Spezialsammlungen von Kakteen, Agaven, Aloen, Orchideen und anderen wasserspeichernden Sukkulenten auf einer Kaktus-Safari bewundern. Hier lernt man zum Beispiel, weshalb

Hafen Enge Beiz

Weihnachtskakteen in der kältesten Winterzeit blühen: Diese erstaunliche Pflanze braucht zum Blühen mindestens zwölf Stunden durchgehende Dunkelheit. Durch sieben verschiedene Gewächshäuser kann man die faszinierende Pflanzenwelt aller Kontinente dieser Erde bereisen. Am schönsten ist es, wenn die Kakteen in knalligen Farben blühen – bei manchen geschieht dies allerdings nur alle zehn Jahre oder überhaupt nur einmal im Leben.

Auf dem Parkplatz geht es am See entlang Richtung Stadt, an einigen Ruderclubs vorbei. Nach dem letzten der Ruderclubs, demjenigen der Polytechniker, nehmen wir den Weg, der am See entlangführt, kommen an Gottfried Kellers Denkmal vorbei, gelangen zum Hafen Enge und schlendern an den vielen Booten an den Anlegestellen vorbei, bis zum unteren Ende. Den Grillgeruch der 7 **Hafen Enge Beiz** riecht man von Weitem. Metzgermeister Keller und seine sympathische Tochter grillen hier tagtäglich Zwingli-Würste, eine eigens kreierte Schweinswurst mit Kräutern, aber auch schmackhafte vegane Wienerschnitzel und Grillgemüse.

Für Ferienstimmung sorgt das saftige Pastrami-Sandwich à la Katz's Deli in New York, im knusprigen Maggiolino-Brot. Diese Spezialität lässt ahnen, dass Familie Keller große New-York-Fans sind. Bei der Bootsvermietung Enge, gleich nebenan, kann man vom Pedalo über Ruderboote auch E-Boote oder Motorboote mieten und dem Feriengefühl noch mehr frönen. Eine besondere Art, den Alltag rauszuschwitzen, bietet sich auf dem ultimativen, elektrischen Saunaboot. Bis zu sechs Personen saunieren, relaxen und baden im See, für sich alleine, in privater Idylle und Einsamkeit.

Auf dem nächsten Floß, nur wenige Meter stadteinwärts, befindet sich das Seebad Enge, das im Winter zur Sauna am See mutiert. Ob heiß oder kalt, ob Sommer oder Winter, die fantastische Lage mit Sicht auf die Berge machen das Seebad zu einem ganzjährigen Ferien-Highlight mitten in der Stadt. An der Quaianlage am Wasser entlang geht es weiter Richtung Stadt. Das 8 **Arboretum** ist eine historische Parkanlage, bei deren Bau man vor 100 Jahren darauf bedacht

Seebad Enge

Arboretum

war, eine Gruppierung von verschiedenen fremdländischen Bäumen zu einem harmonischen Ganzen zu vereinen. Dazu gehört auch die Volière, die zusammen mit einer Gesteinssammlung der nahen Alpen den Sonntagsspaziergängern nebenbei ein Stück Bildung vermittelt. Nach der Bürkli-Statue, die dem Erschaffer der Quaianlage gewidmet ist, gibt es zwei Möglichkeiten: Entweder wir folgen dem See entlang bis zum Bürkliplatz, wo wir auf einer Seerundfahrt den Tag ausklingen lassen, oder wir gehen links über die Rentenwiese und verlassen die Quaianlage. Links von uns erstreckt sich die Versicherungsmeile mit Eschers Versicherungen, ein Gebäude nach dem anderen: Swiss Life, Zurich Versicherung und Swiss Re. Wir überqueren das General Guisan Quai, gehen aber weiter geradeaus, am Swiss-Life-Gebäude vorbei die General-Wille-Strasse entlang.

Nach zwei Blocks sind wir am Ausgangspunkt, am Tessinerplatz, angekommen. Bevor wir den Spaziergang abschließen, besuchen wir aber noch das 9 **Fifa-Museum.** Auf 3000 Quadratmetern lädt der Weltfußballverband dazu ein, das Erbe und die Kultur des Fußballs zu feiern. Unter den Ausstellungsstücken befinden sich Besonderheiten, wie ein Trikot der ersten Fußball-Weltmeisterschaft 1930 in Uruguay. Dank Kino, Animationen und stimmungsvollen Sounds, Fußball-Labs und Geschicklichkeitsspielen kann man ganz in die großen Emotionen eintauchen, die die Welt alle vier Jahre während der Fußball-Weltmeisterschaft in ihren Bann ziehen.

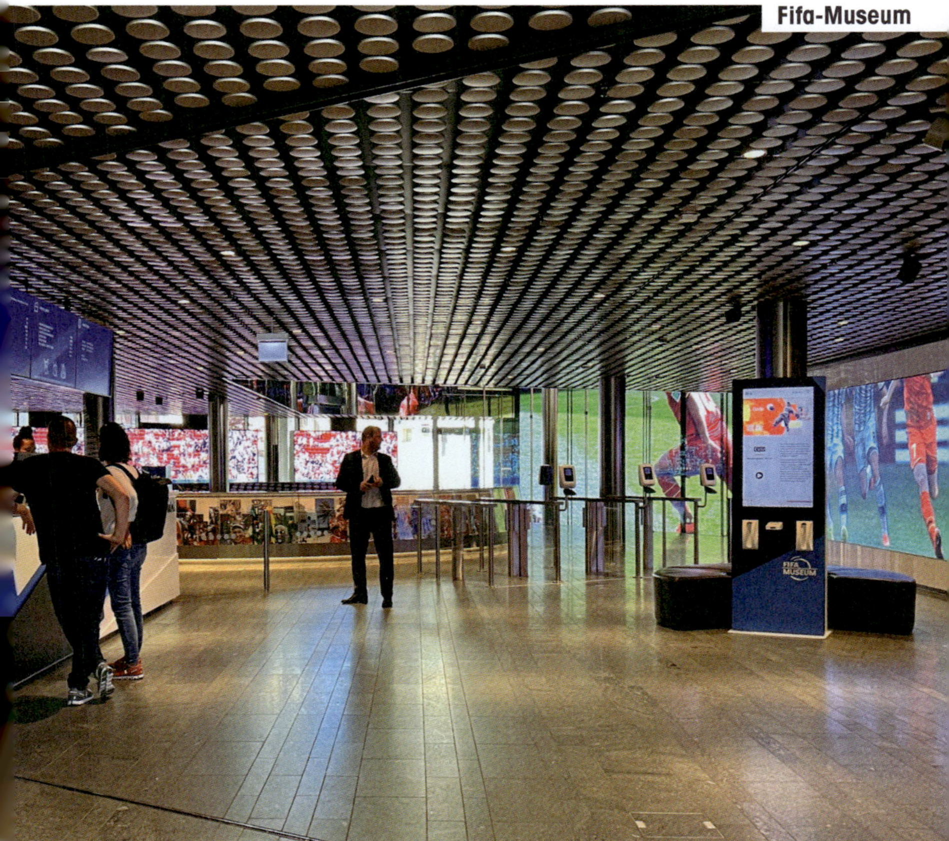

Fifa-Museum

3 FRIEDHOF SIHLFELD

Start: Fritschiwiese, 8003 Zürich
(GPS: 47.3761657, 8.5123202)
Ziel: Altes Krematorium, 8003 Zürich
Länge: ca. 1,9 Kilometer
Dauer: ca. 2 Stunden
ÖPNV: Haltestelle Zypressenstrasse, Tram 2, 3
Parken: Parkplatz Friedhof, Gutstrasse, 8003 Zürich

Unterwegs entdeckt:

1. Fritschiwiese
2. Friedhof Forum
3. Friedrich Bluntschli
4. Gottfried Keller
5. Gustav Gull
6. August Bebel
7. Emilie Lieberherr
8. Johanna Spyri
9. Arnold Bürkli
10. Susanna Orelli
11. Köbi Kuhn
12. Erste Kremationshalle/Alte Kapelle
13. Lauschhocker
14. Altes Krematorium
15. Marie Heim-Vögtlin
16. Henry Dunant

Essen + Trinken:

Nordwestlich des großen Friedhofs liegt das gut besuchte **Café Hubertus,** Letzigraben 101, 8003 Zürich, Tel. +41 (43) 222 46 20 (www.walterbuchmann.ch) der Bäckerei Buchmann. In gemütlicher Atmosphäre bestellt man am Tresen Wähen, Quiches, Salate, und knuspriges Gebäck, das am Tisch serviert wird.

Ruhe in Frieden

Die großzügige Parkanlage ist eine Oase der Ruhe. Der Friedhof dient aber auch als Naherholungsgebiet mitten im trendigen Stadtkreis 3. Dieser Spaziergang regt zum Nachdenken über das Leben an: Wenn man sich bewusst macht, dass das Leben endlich ist, bekommt es eine andere Gewichtung und beeinflusst unsere Entscheidungen. Wir tauchen ein in die faszinierenden und bewegenden Lebensgeschichten von Prominenten wie August Bebel, Henry Dunant, Emilie Lieberherr, Köbi Kuhn, Gottfried Keller und vielen mehr, die hier ihre letzte Ruhestätte gefunden haben.

Wie die Geburt ist das Sterben eine Reise von hier nach dort. Das Sterben ist Teil des Lebens. Der Tod kommt manchmal überraschend und fast immer unerwünscht. Gut vorbereitet können wir in Würde sterben, dem Tod vielleicht sogar friedlich entgegenblicken und vor allem den Angehörigen viele Sorgen und Fragen abnehmen. Denn für die Menschen, die der Sterbende zurücklässt, geht das Leben weiter. Für den Toten wünscht man sich einen würdigen Ort, an dem es ruhig und friedlich ist. Es geht aber nicht nur um die Totenruhe, sondern auch darum, dass die Angehörigen am Grab gedenken können. Heute ist man in Zürich einen Schritt weiter: Der Friedhof soll für die Anwohner respektvoll als Park genutzt werden dürfen, wenn sie Ruhe brauchen.

Die Linie 2 bringt uns zur Haltestelle Zypressenstrasse, wo wir aussteigen und auf der Fritschistrasse an der 1 **Fritschiwiese** entlangspazieren. Gleichzeitig mit dem Zürcher Centralfriedhof, der erst 1896 seinen heutigen Namen bekam, entstand 1877 auf der Fritschiwiese der Friedhof der Gemeinde Aussersihl. Nach der Eingemeindung wurde er nur noch wenige Jahre aktiv betrieben und dann in eine öffentliche Parkanlage umgewandelt. Seither vergnügen sich hier Alt und vor allem Jung: Neben der offenen Spielwiese und der Hügellandschaft ist das mit Abwärme der Elektrizitätswerke der Stadt Zürich beheizte Wasserbassin die Hauptattraktion für die Kleinen.

3 FRIEDHOF SIHLFELD

Friedrich Bluntschli

Auf der Aemtlerstrasse angekommen, geht's rechts und nach 20 Metern stehen wir vor dem prächtigen Eingangsportal des Friedhofs Sihlfeld. Das Gebäude links des Portals beherbergt seit 2012 das ❷ **Friedhof Forum.** Das Kulturzentrum versteht sich als „Büro für die letzte Reise" und zeigt Ausstellungen zu den Themen Sterben, Tod, Bestatten, Trauern. Wir werfen einen kurzen Blick in das Gebäude: Ursprünglich war das Friedhof Forum das Leichenhaus und bei der Eröffnung 1878 in drei Räume aufgeteilt: Vorhalle, Aufbahrungsraum und Sezierzimmer. Die prächtigen Terrazzoböden von Vorhalle und Hauptraum sind Originale und strahlen seit der Restauration in ihrem alten Glanz. Der Flügelbau rechts des imposanten Portals war früher das Büro der Friedhofsverwaltung und die Gärtnerwohnung.

Treten wir ein, in den Friedhof Sihlfeld, dessen Fläche etwa 40 Fußballfeldern gleicht und der mit seinen 288.000 Quadratmetern sowohl der größte Friedhof als auch die größte Parkanlage der Stadt ist. Als Erstes betreten wir den historischen Teil mit seinen kreativen Grabsteinen. Dafür wenden wir uns nach links und gehen den Weg bis ans Ende.

Gegenüber der Mauer, welche den Friedhof von der Straße abschirmt, liegt ❸ **Friedrich Bluntschli,** der Architekt des Wiener Zentralfriedhofs. Bekannt geworden ist er mit der Planung von Villen, Schlössern, Banken, Hotels und Krankenhäusern. Bluntschli war Schüler des Stararchitekten Gottfried Semper, der das Zürcher Polytechnikum baute und später als Dozent einige Jahre in Zürich lebte. Bis 1914 wirkte Bluntschli als Nachfolger Sempers als Professor für Baukunst an der Eidgenössischen Technischen Hochschule Zürich. Er baute in Zürich unter anderem die Reformierte Kirche Enge.

Das Deutsche Kriegsgrab erinnert an die im Ersten Weltkrieg gefallenen Deutschen aus Zürich.

Genau hinter Bluntschli, sozusagen Rücken an Rücken, liegt einer der bekanntesten Schweizer Schriftsteller des

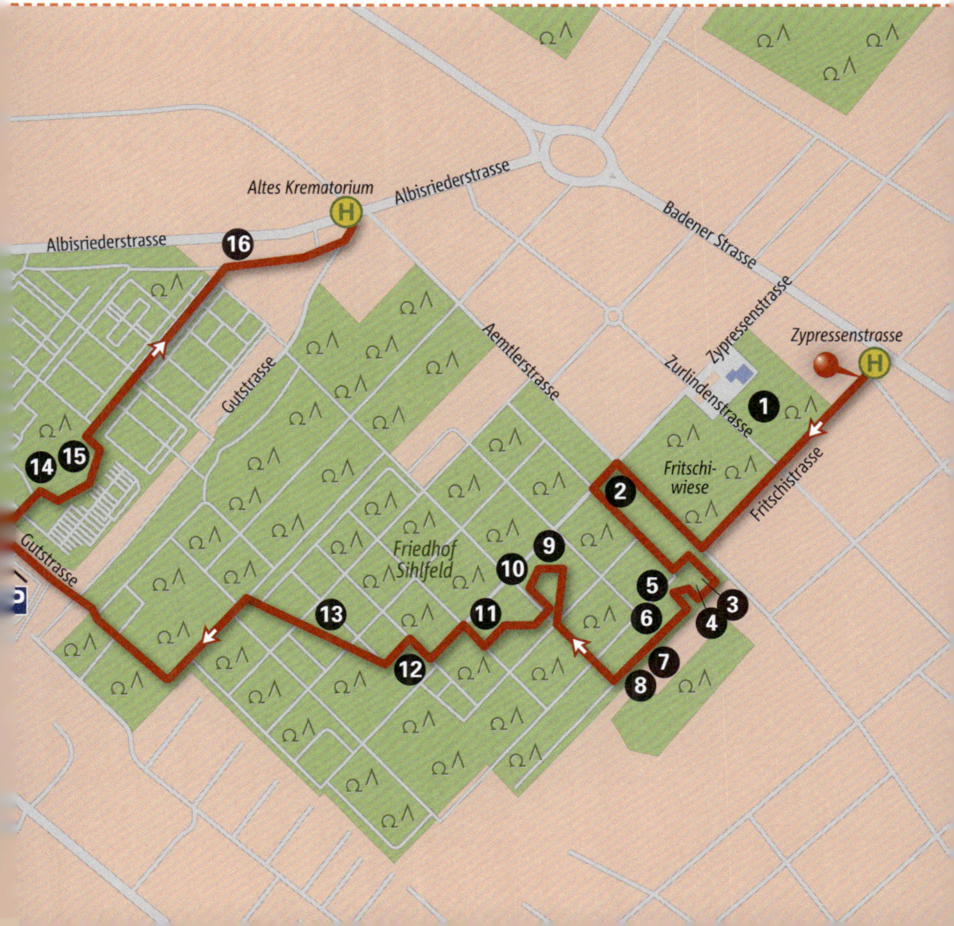

3 FRIEDHOF SIHLFELD

Gottfried Keller

19. Jahrhunderts. Hunderte Anekdoten ranken sich um ④ **Gottfried Keller.** Wegen eines dummen Streiches flog er von der Schule und wurde von der höheren Schulbildung ausgeschlossen. Seine Mutter übernahm nach dem frühen Tod von Gottfrieds Vater die Geschäftsführung des Drechslerbetriebs. Keller lernte aber nicht das Handwerk seines Vaters, wie es damals üblich war, sondern machte eine Lehre als Landschaftsmaler. In seinen Studienjahren in München brauchte er zuerst das Geld seiner Erbschaft auf und schrieb dann nach Hause: „Schick' mir Geld". Nach zwei Jahren musste er seinen Aufenthalt aus finanzieller Not abbrechen, seine Bilder verkaufte er kaum. Um die Heimreise zu finanzieren, war er gezwungen, seine Arbeiten an einen Trödler zu verkaufen. 1842 zurück in Zürich mietete er ein Atelier, in dem er mehr Gedichte schrieb als malte. Er verarbeitete seine Erinnerungen an die Jugend im Niederdorf im Roman „Der grüne Heinrich". In seine Heimatstadt zurückgekehrt, fand Keller Zürich verwandelt. Die Liberalen um Alfred Escher trieben die Industrialisierung voran, Escher vereinte die gesamte Macht als Wirtschaftsführer und Politiker. Keller polterte gegen das „System Escher". Aber Escher gab Keller die bestbezahlte Stelle als Staatsschreiber und machte ihn so zu einem Teil des Systems. Keller trank gerne über seinen Durst. Sein Arzt warnte vor den Gefahren des Alkohols: „Vernünftige Wesen meiden den Alkohol. Wenn man einen Kessel Wasser und einen Kessel Wein vor einen

Esel hinstellt, trinkt der Esel das Wasser." „Klar, weil er eben ein Esel ist", ergänzte Keller. Im Tod war er vielen einen Schritt voraus: Er war einer der Ersten, der sich einäschern ließ. Sein Grab teilt er mit seiner Mutter und seiner Schwester. Mit dem Grabspruch bedankt er sich auch endlich bei den beiden Frauen, die auf so viel verzichtet hatten für ihn.

Nun drehen wir uns um 180 Grad: Auf der anderen Seite des Weges erinnern wir uns an 5 **Gustav Gull.** Der Sohn einer Baumeisterfamilie erhielt von der Stadt Zürich den Auftrag für die Planung des Schweizerischen Landesmuseums. Als 1848 der moderne Bundesstaat entstand, hatte die Schweiz, wie viele junge Staaten, ein großes Bedürfnis die nationale Einheit zu festigen und die kulturelle Zusammengehörigkeit zu demonstrieren. Er stellte für den identitätsstiftenden Bau das Mittelalter in den Vordergrund, eine historische Epoche, die als Wiege der Eidgenossenschaft gilt. Der Bau erinnert deshalb an ein mittelalterliches Schloss. In seine Zeit als Stadtbaumeister fiel die Eingliederung der umliegenden Gemeinden, in deren Folge die Bevölkerungszahl am 1.1.1893 um knapp 90.000 auf 121.000 Einwohner in die Höhe schoss. Gull plante ein riesiges Verwaltungsgebäude, dem historische Stadtteile wie die Schipfe, zum Opfer gefallen wären. Zum Glück wurden nicht alle Pläne realisiert.

Gustav Gull

Wir gehen um Gulls letzte Ruhestätte herum auf die Rückseite und sehen dort einen leeren, farbigen Bilderrahmen. Er ist das Resultat eines Versuchs, bei der Gestaltung von Grabsteinen mehr Kreativität zuzulassen. In derselben Reihe, etwa zehn Meter rechts davon und markiert durch einen schwarzen Obelisken, findet man eine der heraus-

August Bebel

ragendsten politischen Persönlichkeiten Europas. ⑥ **August Bebel** gründete zusammen mit Wilhelm Liebknecht 1869 in Deutschland die Sozialdemokratische Arbeiterpartei. Bebel setzte sich für ein Verbot der Kinderarbeit ein und gilt als einer der wichtigsten Förderer der Frauenemanzipation. Sein Buch „Die Frau und der Sozialismus" wurde europaweit gefeiert. Als sozialdemokratische Zeitschriften im Kaiserreich verboten waren, wurde die Zeitung „Der Sozialdemokrat" in Zürich gedruckt und nach Deutschland geschmuggelt. Seine Tochter studierte Medizin an der Universität Zürich. Bebel besuchte seine Tochter oft und zog selber in die Schweiz. Seine letzten Jahre waren geprägt von schweren Schicksalsschlägen. Zuerst starb seine Ehefrau und kurz später sein Schwiegersohn. Seine Tochter Frieda litt danach an schweren Depressionen und Bebel sorgte für den minderjährigen Enkel. Das private Leid und seine schwache Konstitution hielten ihn nicht davon ab, bis zu seinem Tod als Vorsitzender der SPD und als Mitglied des Reichstags für den Frieden in Europa zu kämpfen.

Emilie Lieberherr

Wir gehen weiter und biegen links ab, dort folgen wir der Mauer etwa zehn Meter nach rechts, bis wir vor einem vergoldeten, mit vielen Ornamenten verzierten Kreuz stehen. Es erinnert an eine der herausragendsten Persönlichkeiten der Neuzeit, an die Grand Old Lady ⑦ **Emilie Lieberherr.** Die Ikone der Zürcher Frauenbewegung kam als junge Frau aus Uri nach Zürich, um hier Nationalökonomie zu studieren. Sie war Mitbegründerin des Konsumentinnenforums und nahm den Kampf um das Frauenstimmrecht auf. An vorderster Front

schritt sie 1969 beim „Marsch auf Bern" den 5000 Frauen und Männern voran. In einem roten Mantel hielt sie ihre legendäre Brandrede auf dem Bundesplatz: „Wir stehen hier nicht als Bittende, sondern als Fordernde!" Zwei Jahre später stimmten die Schweizer Männer an der Urne mit Ja. Ein Jahr zuvor war Lieberherr zur ersten Stadträtin in Zürich gewählt worden. Ihr Grab teilt sie mit ihrer Lebenspartnerin Minnie Rutishauser, mit der sie fast 70 Jahre zusammen war.

Johanna Spyri

Etwa 20 Meter rechts von ihr liegt 8 **Johanna Spyr.** Der Grabschmuck besteht aus einer Stele mit zwei Grabkreuzen und beherbergt die Gebeine der berühmten Kinderbuchautorin sowie die ihres Ehemannes und ihres Sohnes Bernhard. Mit ihrem 1879 erschienenen Buch „Heidis Lehr- und Wanderjahre" wurde sie weltberühmt. Die Geschichte wurde in über 50 Sprachen übersetzt und prägte das Image der Schweiz.

Arnold Bürkli

In der gleichen Richtung spazieren wir weiter und beim nächsten größeren Weg wenden wir uns nach rechts. Beim zweiten breiten Weg, welcher unseren Weg kreuzt, halten wir an. Wir sehen in beiden Diagonalen links und rechts je einen Baum. Wir folgen der rechten Diagonale, bis wir den Baum auf dem sternförmigen Platz erreichen. Dort angekommen, sehen wir versteckt hinter dem Lebensbaum die Grabsteine der Familie Bürkli. Eine abgebrochene tuskische Säule ist der Grabstein von 9 **Arnold Bürkli.** Mitte bis Ende des 19. Jahrhunderts wurde Zürich durch ihn in seiner Funktion als Stadtingenieur neu gestaltet und nachhaltig geprägt. Er ließ in großem Maß Land aufschütten. Nach Jahrhunderten zweckgebundener Architektur erwachte das Bewusstsein, eine schöne Stadt zu bewohnen. Entlang des Sees entstand eine Uferpromenade mit Alleen, Wiesen und Parks. Das Kratzviertel am ehemaligen Stadtrand, das „Getto" Zürichs, mit seinen sozial benachteiligten Bewohnern, Randgruppen und Pros-

Susanna Orelli

tituierten wurde abgerissen und an seiner Stelle entstanden unter anderem das Stadthaus und das schicke Metropol. Unter Bürklis Leitung wurde der übel stinkende Fröschegraben entlang der Stadtmauer aufgefüllt und darauf entstand die Bahnhofstrasse. Als 1867 die letzte Cholera-Epidemie Zürich streifte, führte er ein Abfuhrwesen ein, setzte die Kloakenreform durch und schuf die städtische Wasserversorgung. Der Bürkliplatz ehrt seinen Namen und sein Wirken.

Wir gehen nach links und gelangen zurück zum Hauptweg, drehen uns nach links und erblicken nach wenigen Metern die eher unscheinbare Grabplatte von ⑩ **Susanna Orelli.** Angeregt durch ihre Bekanntschaft mit dem Schweizer Psychiater Auguste Forel, einem prominenten Vertreter der Abstinenzbewegung, engagierte sich Orelli gegen die aufsteigende Alkoholsucht in der Gesellschaft. Als besonders hilfreiche Maßnahme sah sie die Einrichtung von alkoholfreien Lokalen an. Sie gründete 1894 den Zürcher Frauenverein für Mässigkeit und Volkswohl, der noch im gleichen Jahr das erste alkoholfreie Restaurant eröffnete. Ihre Idee fand rasch positive Resonanz: Binnen zehn Jahren verfügte der Frauenverein bereits über zehn solcher Restaurationsbetriebe und ein Kurhaus (heute Hotel Zürichberg).

Wir folgen dem breiten Weg für ein paar Schritte, bis wir links den Baum sehen, welcher uns vorhin als Anhaltspunkt gedient hatte. An dieser Stelle biegen wir rechts ab und folgen dem schmalen Weg. Bei dem stattlichen Baum in der Mitte des kleinen Platzes gehen wir nach links. Auf der rechten Seite passieren wir ein Grab mit vielen Blumen und einer kleinen Schweizerfahne – es gehört ⑪ **Köbi Kuhn.** Auch liebevoll als „Köbi National" betitelt, war der Fußballspieler und -trainer für die gesamte Schweiz eine wichtige identitätsstiftende Figur. Dem FC Zürich blieb er während seiner ganzen Laufbahn treu und verzichtete dafür auf eine internationale Karriere. Bereits mit 17 Jahren kam er in die erste Mannschaft und gewann sechsmal die Schweizer Meisterschaft und fünfmal den Cup. Er trat zu 63 Länderspielen und zwei Weltmeisterschaften an, bevor er selbst Trainer wurde. Die Schicksalsschläge, die der Nationalheld nach seiner Trainerzeit hinnehmen musste, bewegten das ganze Land. Nach 49 Jahren Ehe starb seine Frau und Wegbegleiterin Alice in seinen Armen. Seine Tochter Viviane folgte ihr einige Jahre später. Seinen Trauerschmerz wurde Kuhn nicht mehr los. Als Folge einer Lungenentzündung starb er 2019 ausgerechnet am Geburtstag seiner verstorbenen Tochter. Im Tod ist Köbi mit Alice, seiner ersten Frau, und Tochter Viviane vereint.

Köbi Kuhn

Wir drehen uns um, gehen ans Ende des schmalen Weges, folgen dann dem breiteren Weg nach rechts und biegen dann links in die Hauptallee ein, dem Platz des Feuers entgegen. Hier steht die ⑫ **Erste Kremationshalle,** die heutige Kapelle. Der Wandel der Grabmalkultur begann Mitte des 19. Jahrhunderts, als eine neue Bestattungsart aufkam: die Kremation. Diese war am Anfang sehr umstritten, denn das Verbrennen des Leichnams widersprach der christlichen Auferstehung und dem Weiterleben im Jenseits. Vor allem Ärzte setzten sich aus Gründen der Hygiene für die Verbrennung ein. 1874 gründeten sie den „Leichenverbrennungsverein für Zürich und Umgebung" und eröffneten im Sihlfeld das erste Krematorium der Schweiz.

Nun gehen wir rechts der Kapelle entlang Richtung Urnenmauer und dann an dieser entlang, bis wir auf einer Wiese rechts auffällige Grabsteine entdecken. In einer Zeit, in der sich neun von zehn Verstorbene für eine Kremation entscheiden und von den übrigen Erdbestattungen rund 40 Prozent im Gemeinschaftsgrab ihre letzte Ruhe finden, werden auch Grabsteine immer seltener. Dieses Ausstellungsfeld zeigt künstlerische Exemplare von aufgehobenen Gräbern. Inmitten dieser Sammlung findet man einzelne ⑬ **Lauschhocker.** Die Sitzgelegenheiten laden ein, Interessantes zur Entstehung und Gestaltung der Grabmäler zu hören.

Weiter geht es der Urnenmauer entlang bis an ihr Ende, wo eine Tür steht, die aus dem Feld A in den parkähnlichen Friedhofteil C führt. Hier finden seit mehr als 40 Jahren keine Beisetzungen mehr statt. Nachdem wir die Tür passiert ha-

Erste Kremationshalle – Alte Kapelle

ben, gehen wir links und folgen diesem Weg bis zu seinem Ende. Dort wenden wir uns nach rechts und überqueren den Teil des Geländes, der so gar nicht wie ein Friedhof aussieht. Nachdem wir das Tor passiert haben, geht es zwischen Familiengärten hindurch immer geradeaus, bis wir rechts den Nebeneingang D entdecken, bei dem wir wieder auf das Friedhofsgelände gelangen: Wir nähern uns von hinten dem ⑭ **Alten Krematorium.** Wir gehen rechts um das Gebäude herum, bis eine kleine Tür in den Innenhof führt. Da die Kremation immer häufiger wurde, musste nach dem ersten Krematorium ein weiteres, größeres gebaut werden. Seit seiner Stilllegung dient das Gebäude als Abdankungshalle.

Lausch Hocker

Im Innenhof gehen wir rechts, an der schützenden Mauer entlang, wenige Schritte bis zum Grab von ⑮ **Marie Heim-Vögtlin.** Maries Geschichte ist sehr bewegend: Die Pfarrerstochter verliebte sich in ihren Cousin Friedrich Erismann und verlobte sich mit ihm. Zwei Jahre später löste der Medizinstudent die Verlobung auf und heiratete 1868 eine Kommilitonin, und zwar die erste Frau, die sich an der Universität Zürich immatrikulieren durfte: die Russin Nadeschda Suslova. Ob das der Auslöser war, dass Marie danach selber Medizin studieren wollte? Ihr Wunsch löste jedenfalls einen landesweiten Skandal aus. Die Universität Zürich erlaubte

Altes Krematorium

zwar als eine der ersten Hochschulen Europas Frauen ein Studium – bisher hatten sich aber nur Ausländerinnen eingeschrieben. Dank der Unterstützung ihres Vaters konnte Marie ihren Traum realisieren. Sie spezialisierte sich auf Gynäkologie und eröffnete eine eigene Arztpraxis. 1899 legte sie den Grundstein zum Zürcher Frauenspital, dem ersten von Frauen geführten Krankenhaus, sowie der Krankenschwesternschule.

Marie Heim-Vögtlin

Wir verlassen das Alte Krematorium durch das Hauptportal, gehen geradeaus die von Bäumen gezäumte Allee Richtung Eingangsportal entlang. Nachdem wir den Torbogen passiert haben, sieht man geradeaus, auf der linken Straßenseite, ein Grabmal in Form eines offenen Pavillons aus Stein. Hier ruht 16 **Henry Dunant.** In Genf in einer calvinistischen Familie aufgewachsen, wurde ihm soziales Engagement in die Wiege gelegt. Mit 18 Jahren rief er eine Vereinigung ins Leben, die sich um Hungernde und Kranke kümmerte. 1859 wurde er Zeuge des Elends der Schlacht bei Solferino, in der Napoleon die Österreicher bekämpft hatte. Auf dem Schlachtfeld lagen 38.000 Verwundete, Sterbende und Tote, ohne dass ihnen jemand Hilfe leistete. Spontan organisierte er eine notdürftige Versorgung und funktionierte die größte Kirche des nahe liegenden Städtchens in ein Hospital um. Bei der Behandlung machte er keinen Unterschied zwischen Österreichern und Franzosen, „tutti fratelli" (alles Brüder) war das Credo. Zurück in Genf, verarbeitete er sein Trauma im Buch „Un souvenir de Solferino", indem er die Idee formulierte, auf der Basis der Neutralität in allen Ländern Hilfsorganisationen zu gründen, die sich um Verwundete kümmern. 1863 gründete er zusammen mit Gleichgesinnten das Internationale Komitee des Roten Kreuzes IKRK. Für sein großes Engagement vernachlässigte Dunant seine eigenen Geschäfte und wurde wegen betrügerischen Konkurses verurteilt. Auf den wirtschaftlichen Fall folgte der soziale: Er schied aus dem IKRK aus und wurde von der Genfer Gesellschaft ausgestoßen. Er zog sich zurück, hörte aber nie auf, sich für Menschenrechte einzusetzen. Er engagierte sich für die Befreiung der Sklaven in Nordamerika und für die Gleichstellung der Frau. 1901 erhielt er den erstmals verliehenen Friedensnobelpreis. Die Glückwünsche vom IKRK bedeuteten nach 34 Jahren eine Rehabilitierung und waren für Dunant wichtiger als alle anderen Ehrungen. In Anbetracht dieser Geschichte erstaunt Dunants Zitat, in einem Zustand schwerer Depression geschrieben, nicht: „Ich wünsche zu Grabe getragen zu werden wie ein Hund, ohne eine einzige von euren Zeremonien, die ich nicht anerkenne. Ich rechne auf eure Güte zuversichtlich, über meinen letzten irdischen Wunsch zu achten." Gemäß seinen Worten wurde er unauffällig und ohne Trauerfeier auf dem Friedhof Sihlfeld bestattet.

Von Dunants Grab sind es nur noch wenige Meter zum Eingang des Friedhofs. Davor befindet sich die Haltestelle „Altes Krematorium", von hier gelangt man mit dem Tram wieder ins Stadtzentrum zurück.

Henry Dunant

4 LANGSTRASSE

Start/Ziel: Helvetiaplatz, 8004 Zürich
(GPS: 47.3762556, 8.526653)
Länge: ca. 3,5 Kilometer
Dauer: ca. 2 Stunden
ÖPNV: Haltestelle Helvetiaplatz, Tram 8, Bus 32
Parken: Parkplätze Kanzleistrasse oder Ankerstrasse

Unterwegs entdeckt:

1. Helvetiaplatz
2. Volkshaus
3. Fribourger Fonduestübli
4. Zeughaushof
5. Club Zukunft
6. Bar 63
7. Gamper Bar
8. Bäckeranlage
9. Houdini
10. Gelateria di Berna
11. Si o No
12. Plaza
13. Kanzlei Club
14. Bank

Essen + Trinken:

Im Quartier wimmelt es von gemütlichen Lokalen, Cafés und Bars. Aber Achtung, es gibt auch Milieubars. Eine gute Adresse, insbesondere für Frauen, ist die von Frauen geführte **Olé Olé Bar,** Langstrasse 138, 8004 Zürich, Tel. +41 (44) 242 91 39 (www.oleolebar.ch), die jeden Tag von 17 bis 4 Uhr geöffnet ist.

Milieu, Party und revolutionäre Ideen

Kein Stadtteil hat eine so bewegte Geschichte wie die Langstrasse. Schon im Mittelalter platzierten die Zürcher dort alles, was ihnen in der Stadt nicht lieb war: den Galgenhügel, das Siechenhaus, die Tierkadaver. Während der Industrialisierung waren es die Arbeiter und der Schlachthof und in der Neuzeit die Prostituierten und Drogensüchtigen. Und trotzdem ist es das lebendigste und charmanteste Viertel der Stadt. In den letzten Jahren ist die Langstrasse gar zur beliebtesten Partymeile geworden, mit innovativen Restaurants, trendigen Bars und angesagten Clubs.

Wir starten den Spaziergang durch das multikulturelle Viertel am ❶ **Helvetiaplatz,** der für die Geschichte der Arbeiterbewegung von großer Bedeutung ist. Während seiner Exilzeit in Zürich soll Lenin hier zum Volk geredet haben. Er versuchte, die Zürcher von seinen Ideen zu überzeugen und war enttäuscht, dass sie nicht mehr Anklang fanden. Auch Mussolini, der sich als Sozialist bekannte, bevor er sich dem Faschismus zuwandte, verkehrte hier. Der Helvetiaplatz ist einer der wichtigsten Plätze der Stadt: Auf dem Kundgebungsplatz der Aufständischen finden öffentliche Veranstaltungen und Demonstrationen statt. Am 1. Mai endet hier der Demonstrationszug mit öffentlichen Ansprachen. Jeden Dienstag und Freitag treffen sich Städter und Bauern auf dem Blumen- und Gemüsemarkt. Flankiert wird der Platz auf der Nordostseite vom scheinbar schwebenden Amtshaus Helvetiaplatz. Das in den 1950er-Jahren im Beton-Brut-Stil erbaute Sozialzentrum ist mit seinen klaren Formen ein prominenter Vertreter der Nachkriegsmoderne.

Helvetiaplatz

Wir überqueren den Platz und wenden uns zum ② **Volkshaus.** Die stimmberechtigte Bevölkerung Zürichs bekannte sich 1906 mit 10.110 Jastimmen gegen 5458 Neinstimmen zum Bau des Volkshauses, der die Stadt zu einem Unkostenbeitrag von 250.000 Schweizer Franken verpflichtete. Es gab drei Anforderungen an das Gebäude: ein Ort, an dem man gut und günstig essen kann, ein Ort der Gesundheitspflege und Räumlichkeiten für gesellige Zusammenkünfte. Wir gehen auf der Stauffacherstrasse am Eingang des Restaurants vorbei und halten an vor der Buchhandlung, beim Eingang vom Stadtbad. Im Arbeiterviertel, in dem die meisten Wohnungen zur damaligen Zeit kein Bad hatten, fand das öffentliche Bad regen Zuspruch: Bereits im ersten Jahr registrierte man 114.000 Benutzer. Im Keller des Volkshauses gab es bei der Eröffnung 13 Wannen und 16 Duschen für Männer sowie 16 Wannen und vier Duschen für Frauen. Die Preise wurden bewusst tief gehalten: Ein halbstündiges Bad kostete 40 Rappen und für zehn Rappen durfte man 20 inuten lang duschen. Um die Badekultur im Volkshaus

Volkshaus

aufrechtzuerhalten, ist dort heute eine Sauna und ein Hammam untergebracht.

In der gleichen Richtung spazieren wir weiter und nehmen die erste Straße links. Wir folgen der Rotwandstrasse bis zur Nummer 38 und stehen vor dem 3 **Fribourger Fonduestübli.** In der traditionellen Beiz, mit ihren typisch schweizerisch rot-weiß karierten Tischdecken, fühlt man sich sofort heimelig und wohl. Auf den Tisch kommt das echte Fondue aus purem Vacherin, eine kräftige und vollmundige Weichkäsespezialität aus Kuhmilch. Oder man wählt das beliebte Moité-Moité-Fondue, das aus halb Gruyère und halb Vacherin zubereitet wird. Das Lokal ist ein Geheimtipp: Touristen sucht man hier vergebens.

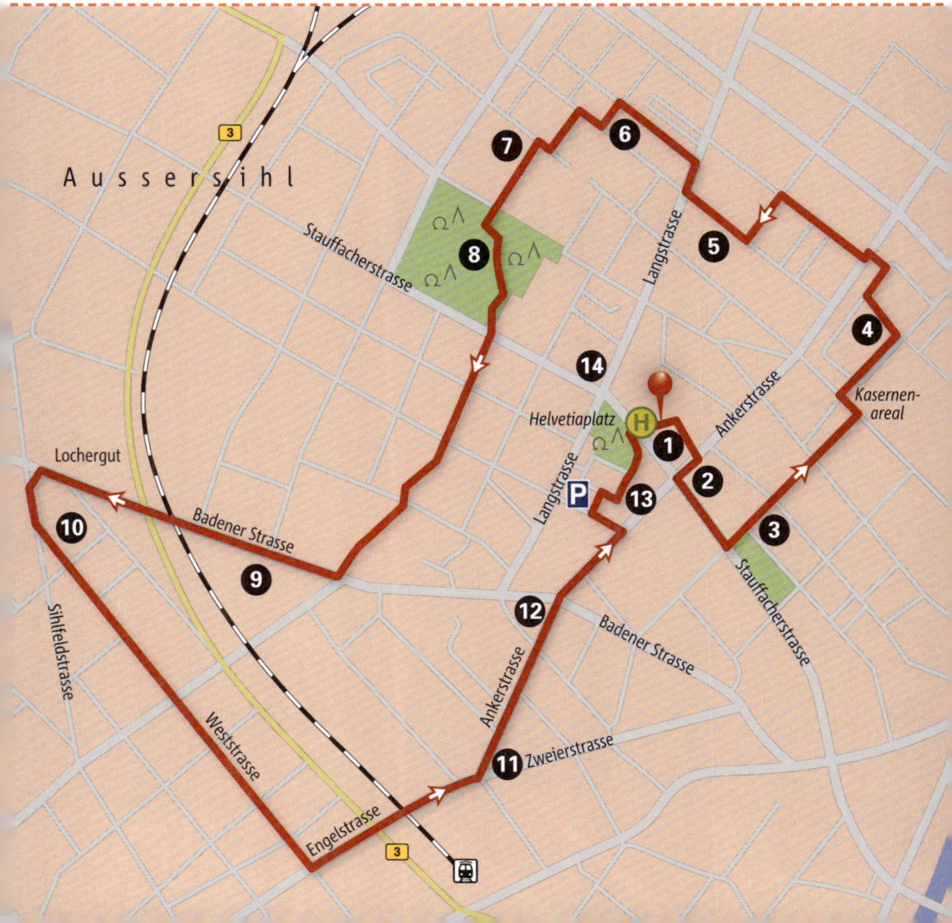

Fribourger Fonduestübli

Wieder auf der Rotwandstrasse geht's in der gleichen Richtung weiter: Wir folgen ihr bis an ihr Ende, wo wir auf die Zeughäuser treffen. Die in der zweiten Hälfte des 19. Jahrhunderts im Münchner Rundbogenstil gestalteten Zeughäuser sind Teil der Kaserne und erinnern an die ehemalig militärische Nutzung. Um zum Eingang zu gelangen, gehen wir auf der Zeughausstrasse kurz links und stehen nun bereits vor dem Tor. Durch dieses gelangen wir in eine Oase des lebendigen Quartiers, in den 4 **Zeughaushof.** Zum 700-jährigen Bestehen der Eidgenossenschaft wurde die Bevölkerung im Rahmen eines Wettbewerbs aufgerufen, die Zukunft der Stadt mitzugestalten. Rosmarie Schmids Idee, mitten in der Stadt ein Pflanzenparadies für Frauen zu gestalten, wurde realisiert. Im Innenhof, umrundet von Zeughäusern, plante sie zusammen mit einer Handvoll Frauen ein klassisches Labyrinth, das sie in 100 Pflanzengärten aufteilte. Frauen des Quartiers kamen her und arbeiteten nebeneinander. Als ihre Samen zu Pflanzen wurden und feste Wurzeln ausbildeten, wuchsen auch den Frauen Wurzeln, als die Blumen begannen zu blühen, blühten auch die Frauen auf. Denn die Frauen in diesem Arbeiterquartier kamen aus der ganzen Welt und waren oft nicht oder nur schlecht in die Gesellschaft integriert. So wurde aus dem Frauenprojekt eines der größten Integrationsprojekte, das auf der ganzen Welt in über 130 Städten kopiert wurde und eine internationale Labyrinth-Bewegung auslöste.

Wir verlassen den Zeughaushof mit seinen kulturellen und sozialen Institutionen durch das unserem Eingangstor

Zeughaushof-Labyrinth

quer gegenüberliegende Tor. Wir treten auf die Straße, überqueren die Kanonengasse und gehen dann geradeaus in die Zwinglistrasse. Wir biegen links in die Tellstrasse und bei der Dienerstrasse gehen wir rechts. In der Nummer 33 befindet sich der 5 **Club Zukunft.** Den Eingang zu finden ist gar nicht so einfach, außer man kommt nach Mitternacht, wenn sich auf dem Trottoir eine Schlange bildet. Die Bar3000, die zum Club Zukunft gehört, avanciert während der Clubzeiten zum Fumoir und ist geöffnet, bevor der Club um Mitternacht seine Pforten aufmacht. Die „Zukunft" liegt im Keller. Die „Zukki", wie die Zürcher den vermutlich beliebtesten Club der Stadt nennen, ist einer der bekanntesten Technoclubs der ganzen Schweiz. Das seit 2005 existierende Kellerlokal ist längst zur Institution geworden. Vor der Tanzfläche wacht eine riesige Gorilla-Figur. Donnerstag bis Samstag tanzt man zu Elektro, Deep House und Techno. Betrieben wird das Ganze von einem Kollektiv aus sechs Jungs, die sich schon vor der Gründung der „Zukunft" im Zürcher Nachtleben einen Namen gemacht hatten.

Club Zukunft

Auf der Dienerstrasse gehen wir in derselben Richtung weiter bis zur Langstrasse. Hier biegen wir rechts ab und schlendern bis zum stadtbekannten Sexkino Roland, das mittlerweile zur Partylocation mutiert ist, aber immer noch die Neon-Schriftzüge des Sexkinos trägt. Vor dem Kino biegen wir links in die Rolandstrasse. Auf der Rolandstrasse gehen wir knapp 100 Meter nach links bis zur 6 **Bar 63** in der Ecke. Saisonale Cocktails, auserlesene Klassiker, Daiquiris und Eigenkreationen lassen jedes Cocktail-Liebhaber-Herz höherschlagen. Es macht Spaß, den Barkeepern zuzuschauen, wie sie mit hausgemachten Sirups, Bitters und Dekorationen hantieren. In dem von den Anwohnern als „mit Abstand beste Bar" bezeichneten kleinen, gemütlichen Lokal findet man auch eine sensationelle Rum-Auswahl. Ganz spektakulär ist der eigens gebraute Rum63.

Nach dem Verlassen der Bar folgen wir nun der Zinistrasse nach links bis zum Ende, dann rechts und gleich wieder links in die Nietengasse. Wir stehen unmittelbar vor der 7 **Gamper Bar,** einer renommierten Weinbar, die sich auf Natur- und Bioweine spezialisiert hat. Die Weinbar bietet eine exzellente Auswahl an offenen Weinen, durch die man sich dank der kompetenten Beratung probieren kann. Balz Coray und sein Team präsentieren auch biodynamische und orange Weine – eine interessante Variante, bei der Weißwein ähnlich wie Rotwein hergestellt wird, indem er mit den Schalen vergoren wird.

Gamper Bar

Die Weinkarte ist umfangreich und preisgekrönt, ergänzt durch hochwertige Tapas aus ausgewählten Produkten kleiner Betriebe und Produzenten. Zu den Spezialitäten gehören zum Beispiel Tête-de-Moine aus dem Jura von einer Mini-Käserei, Charcuterie von Zanetti aus dem Puschlav, sowie sorgfältig ausgewählte Fisch- und Meeresfrüchte-Konserven aus Spanien und Portugal. Das Brot auf Sauerteigbasis wird eigens für Gamper hergestellt. Qualität steht überall stets im Vordergrund. Für Liebhaber von Weinen ist die Gamper Bar ein absolutes Muss.

Aus der Gamper Bar kommend, gehen wir weiter rechts die Nietengasse entlang, an deren Ende rechts und dann wieder die erste links in die Hellmutstrasse. Nach einem Block überqueren wir die Hohlstrasse, die an dieser Stelle für den Verkehr gesperrt ist und sich zu einem Skatepark entwickelt hat. Auf der anderen Straßenseite beginnt die 8 **Bäckeranlage.** Die Lunge und Seele des „Chreis Cheib", wie der vierte Bezirk von den Städtern genannt wird, ist ein Park, der 1901 als bürgerlicher

Bäckeranlage

Stadtpark im damaligen Arbeiterviertel angelegt wurde. Uralte Platanen laden auf der großen Grünfläche zum Picknicken, Ausruhen und Spielen ein, im Wasserbecken des Volksgartens planschen Kinder.

Wir gehen leicht links und dann geradeaus durch den Park und verlassen ihn an seinem Ausgang auf der linken Seite. Wir überqueren die Stauffacherstrasse und folgen der Engelstrasse vier Blocks weit, bis an ihr Ende. An der Badenerstrasse angekommen, steht, auf der anderen Straßenseite rechts, das 9 **Houdini.** Das architektonisch einzigartige Kino mit seinen fünf Sälen und der großzügigen Bar ist nach dem „König des Variété" benannt und Teil der Genossenschaftssiedlung Kalkbreite. Baugenossenschaften haben zum Ziel, ihren Mitgliedern kostengünstigen Wohnraum anzubieten und basieren auf dem Prinzip der Selbstverwaltung, bei der die Mitglieder mitbestimmen können. Engagierte Siedlungsbewohner machen sich unter anderem für Nachhaltigkeit im Alltag stark und haben aus einer Aktion heraus einen Gemeinschaftskühlschrank gegründet. Bei „Madame Frigo", können Anwohner ungeöffnete und frische Lebensmittel, die sie nicht mehr brauchen, deponieren und auch selbst Produkte mit nach Hause nehmen.

Wir spazieren rechts an dem Gebäudekomplex entlang, am Eingang von Kino und Bar vorbei und bleiben auf der Badenerstrasse, bis zur Sihlfeldstrasse, wo wir scharf links drehen, wenige Meter weitergehen, bis zum Brupacherplatz und zur 10 **Gelateria di Berna.** Susanna und die drei Brüder Michael, David und Hansmartin eröffneten 2010, angestachelt von ihren nostalgischen Erinnerungen an die Italienferien ihrer Kindheit, ihre erste Gelateria in Bern, deshalb auch der Name „di Berna". Das Handwerk lernten sie in den besten Gelaterien in Verona. Sieben Jahre später wagten sie den Schritt nach Zürich: Am Brupacherplatz bauten sie eine alte

Autogarage in ein „Laboratorio" um, wie sie ihre Gelati-Lokale nennen. Die lange Schlange vor der Gelateria bestätigt, dass die Berner in Zürich gut aufgenommen wurden.

Die Straße vor dem Brupacherplatz, an der die Gelateria liegt, ist die Weststrasse. Sie gehört zu jenen Straßen, die in den vergangenen zehn Jahren einen riesigen Wandel vollzogen haben. Aus der Transitstraße, auch als „Auspuff der Nation" bekannt, wurde mit dem Bau der Umfahrungsautobahn eine ganz normale Quartierstraße. Wo früher 20.000 Autos und mehrere Tausend Lastwagen täglich die Luft verschmutzten, ist Ruhe eingekehrt, auf der einspurigen Straße tuckern die Autos mit Tempo 30. Auch wir „tuckern" die Weststrasse entlang, fast 500 Meter, bis zur Zweierstrasse, drehen nach links, überqueren die Seebahnstrasse, gehen geradeaus weiter, bis wir am Dreieckspitz Zweierstrasse/Ankerstrasse angekommen sind und vor dem ⑪ **Si o No** stehen. Einheimische lieben das alternative und weltoffene Flair der Quartierbeiz. Der wunderschöne Boden ist ein Zeuge davon, dass die Bar früher einmal eine Metzgerei war.

Gelateria di Berna

Wir verlassen das Lokal auf der Ankerstrasse, gehen in derselben Richtung weiter und folgen ihr, bis wir wieder auf die Badenerstrasse treffen: Bei der Nummer 129, an der Ecke, ist ein weiterer Club der Extraklasse. Das Hip-Hop-Paradies ⑫ **Plaza** zieht ein eher jüngeres Publikum an. Getanzt wird hauptsächlich zu Hip-Hop, es finden auch Konzerte oder Open-Mic-Talent-Shows statt. Vor 100 Jahren öffnete in diesem wunderschönen Dreiecksbau das Kosmos, als erstes Kino der Stadt. Im Orchestergraben zwischen Bühne und Zuschauerraum spielten Musiker zu den Stummfilmen. Eine Gruppe erfolgreicher, stadtbekannter Gastronomen wandelte das Kino 2010 in das heutige Veranstaltungslokal um. Spektakulär ist das Wandgemälde,

Si o No

es erinnert mit seinen Paradiesvögeln an einen Dschungel mitten in der Großstadt.

Nachdem wir die Badenerstrasse überquert haben, geht es geradeaus weiter die Ankerstrasse entlang, am Bezirksgericht, der Staatsanwaltschaft und dem Untersuchungsgefängnis vorbei. In der über hundertjährigen Geschichte soll noch nie ein Fluchtversuch gelungen sein. Seit Mitte der 1960er-Jahre gibt es in den Zellen fließend Wasser, vorher musste das Geschäft in der Nacht in Kessel verrichtet werden. Wir biegen links in die Kanzleistrasse: Auf der rechten Seite treten wir durch ein Tor in ein eigenes, alternatives Universum, das Kanzleiareal. In der Mitte steht das 1863 eröffnete zweite Schulhaus der Gemeinde Aussersihl. Vor der Eingemeindung Ende des 19. Jahrhunderts gehörte Aussersihl zu den ärmsten Regionen der Schweiz. 1885 hatte zum Beispiel die 3. Klasse des Lehrers Brandenberger insgesamt 98 Kinder! Aus den ehemaligen Klassenzimmern sind Räume für die Musikschule entstanden. Die alte Turnhalle wurde zur Partylocation: Zu den Partys und Konzerten im ⑬ **Kanzlei Club** kommen Tanzfreudige der ganzen Stadt. Es gibt aber auch Theaterveranstaltungen, zum Beispiel Improvisationsbattles, bei denen zwei Teams gegeneinander antreten und nach jeder Szene entscheidet das Publikum, wer punktet. Zum Universum gehört, in der ehemaligen Schulbaracke auf dem Kanzleiareal untergebracht, das Kino und die Bar Xenix. Gefeiert wird hier Kinokultur jenseits des Mainstreams, die Filme werden in Originalsprache gezeigt. Das Xenix geht zurück auf ein Projekt des AJZ (Autonomes Jugend Zentrum), einer politischen Jugendbewegung der 1980er-Jahre. In den Sommerferien werden auf dem Kiesplatz handverlesene Filme open air vorgeführt. Rund ums Schulhaus findet jeden Samstag der einzige Ganzjahresflohmarkt in Europa statt. Es gibt kaum einen Flohmarkt, der so vielfältig ist: Im Durchschnitt werden 250 Stände aufgebaut.

Wir überqueren den Platz und verlassen das Gelände auf der gegenüberliegenden Seite. Nun stehen wir vor der Stauffacherstrasse, benannt nach Werner Stauffacher: Der Sage nach war er bei der Gründung der Eidgenossenschaft vor mehr als 700 Jahren der Schwyzer Abgesandte beim Rütlischwur.

Angekommen auf dem Helvetiaplatz, finden wir Entspannung auf der Gartenterrasse der ⑭ **Bank,** einem angesagten Lokal in den Räumlichkeiten einer ehemaligen Bankfiliale. Die offene Küche strahlt Lebendigkeit aus, bunte Blumen schmücken die Tische. Die Speisekarte, inspiriert von mediterranen und orientalischen Einflüssen, lädt zum Teilen und gemeinsamen Genießen ein. Ein herrlicher Abschluss des Spaziergangs, mitten im dynamischen Kreis 4!

Plaza

5 ZÜRICH-WEST

Start/Ziel: Hardbrücke, 8005 Zürich
(GPS: 47.3851885, 8.5150869)
Länge: ca. 4,4 Kilometer
Dauer: ca. 2 Stunden
ÖPNV: Haltestelle Bahnhof Hardbrücke, Tram 8, Bus 31, 33, 72, diverse S-Bahnen
Parken: Parkplätze unter der Hardbrücke, Hardstrasse 220–300, 8005 Zürich

Unterwegs entdeckt:

1. Helsinki
2. Frau Gerolds Garten
3. Hive
4. Viadukt
5. Josefswiese
6. Markthalle
7. Flußbad „Unterer Letten"
8. Löwenbräu
9. Escher Wyss Platz
10. Puls 5
11. Schiffbau
12. Pfingstweidpark
13. Prime Tower

Essen + Trinken

Ein Geheimtipp ist die **Gerold Chuchi,** Geroldstrasse 5, 8005 Zürich, Tel. +41 (79) 282 55 85 (www.geroldchuchi.ch). Tagsüber und bis 22 Uhr serviert man hier handgemachte frische Pasta. Danach wird das Lokal zum Dancefloor des Clubs Hive.

Ein paar Innenhöfe weiter findet sich **Frau Gerolds Garten,** Geroldstrasse 23, 8005 Zürich, Tel. +41 (78) 971 67 64 (www.fraugerold.ch), eines der beliebtesten Open-Air-Lokale der Zürcher.

Von der verbotenen Stadt zum Trendquartier

Während der Industrialisierung wandelte sich Zürich von der Kleinstadt zum wichtigsten Wirtschaftsstandort des Landes. Nach dem Zerfall der Schweiz als Industrienation ab den 1970er-Jahren und dem Wegzug der Industrie nistete sich in den Industriehallen eine künstlerische, kreative Subkultur ein, die das Image von Zürich-West nachhaltig prägte. In dem lebendigen Quartier ist zwischen moderner Architektur immer wieder die ehemalige Industriekultur mit ihrem noch nicht ganz verblichenen oder auch neu belebten Glanz spürbar. Der Rundweg begibt sich auf die Spuren des Wandels und lädt dazu ein, Kunst- und Kultur-Locations zu entdecken.

Helsinki

Schuld, dass die Schweiz im 19. Jahrhundert vom Aus- zum Einwanderungsland wurde, war die Eisenbahn. Dank den neuen Transportmöglichkeiten fanden die Rohstoffe den Weg nach Zürich-West, wo die ersten großen Fabriken entstanden. Arbeiter strömten aus ganz Europa, insbesondere aus den südlichen Nachbarländern, hierher und hofften auf gut bezahlte Arbeit. Keine zwei Fahrminuten vom Hauptbahnhof entfernt, hält sozusagen jede nördlich und westlich fahrende S-Bahn am Bahnhof Hardbrücke. Den Namen gab ihm die gleichnamige Brücke, in die der Bahnhof integriert ist. Auf der obersten Etage, die eine der meistbefahrenen Nord-Süd-Achsen durch die Stadt bildet, flitzt der Autoverkehr. Sie überbrückt die Limmat und das Feld mit den vielen Gleisen. Bevor sie errichtet wurde, schnitten die Schienen der „Spanisch-Brötli-Bahn" von Zürich nach Baden die Stadt in zwei Teile. Schier unüberwindbar wurde die Verbindung vom einen zum an-

Frau Gerolds Garten

deren Teil, der damals noch eigenständigen Gemeinde Aussersihl. Bis zum Bau des heutigen Brückenkolosses Anfang der 1970er-Jahre war die Hardbrücke eine vergleichsweise kleine Brücke – erst mit dem Autowahn der 1960er-Jahre wurde sie stark ausgebaut. Die Hardbrücke gewinnt keinen Schönheitspreis und doch hat sie etwas Urbanes. Dank dem „Plan Lumière", dem Lichtgestaltungsplan der Stadt, wird sie inszeniert und sieht bei Nacht richtig schön aus.

Wir gehen, vom Bahnhof kommend, die Nordrampe hinunter und biegen rechts ab in die Geroldstrasse. Im ersten Innenhof steht das schiefe Häuschen der ehemaligen Autogarage, das viel verschrobenen Charme versprüht: Der Musikclub 1 **Helsinki** wird inszeniert und geführt von Tom Rist, dem Bruder der Schweizer Künstlerin Pipilotti Rist. Fast jeden Abend steht eine andere Band auf der Bühne: kein Mainstream, meist alternativ und immer irgendwie verrückt. Danach legt meist ein DJ genauso schrägen Sound auf. Ein Abend im Helsinki hat seinen ganz eigenen Reiz und erinnert an einen Film des berühmten finnischen Regisseurs Aki Kaurismäki. Mit vielen alten Erinnerungen verbunden ist der

Passfoto-Automat aus den 1980er-Jahren beim Eingangstor. Wie damals scharen sich Junge um den Automaten, fotografieren sich allein oder mit Freunden und erlauben sich einen Spaß, wie man das schon vor 40 Jahren gemacht hat.

Der nächste Innenhof beherbergt 2 **Frau Gerolds Garten** – einer der Trendorte schlechthin. Wie alles an der Geroldstrasse bekommt auch der urbane Stadtgarten immer nur eine befristete Bewilligung von ein paar Jahren. Die Stadt behält sich vor, diesen Platz für einen Großbau herzugeben. Umso mehr gilt es hier, den Tag zu genießen, an dem noch alles so ist, wie es ist. In Frau Gerolds Garten findet man kleine Shops, Kunst, Open-Air-Bars und eine Gartenwirtschaft im Sommer und das mitten in Luzia Rodriguez' Urban-Gardening-

Hive

Dschungel. Überall stehen Transportkisten, Baggerschaufeln und Einkaufswagen, aus denen Mangold, Blumenkohl und Lavendel sprießen. In den kälteren Monaten wird der Garten zum romantischen Wintergarten. Feuerschalen sorgen dann für Wärme und Winterromantik rund ums Lagerfeuer und auf dem Gelände steht auch ein kuscheliges Winterstübli, das zum gemütlichen Fondue und Beisammensein einlädt.

Vorbei an der Konstruktion der aufeinandergetürmten Schiffscontainer des Freitag Flagship Stores gelangt man, der Geroldstrasse folgend, weiter ins Zürcher Clubleben. Der Supermarket ist in seinen 20 Jahren zum Kult-Club geworden; aber wir gehen noch einen Innenhof weiter und gelangen zum ③ **Hive,** dem Technoclub schlechthin. Berühmt für die hohe Qualität der Musikanlage, dröhnen die Bässe hier ganz besonders satt. Einer der Dancefloors wird tagsüber und abends bis 22 Uhr in ein Restaurant umgewandelt – die Gerold Chuchi. Auf einer über 80 Jahre alten Nudelmaschine wird täglich Pasta frisch zubereitet. Die meisten kommen allerdings wegen dem berühmten „Gerold Börger", bei Nachtschwärmern besonders beliebt als Mitternachtsimbiss, der die ganze Nacht beim Take-away-Stand beim Eingang erhältlich ist.

Weiter geht es die Geroldstrasse entlang, bis wir an ihrem Ende vor dem 4 **Viadukt** stehen. Das Viadukt wurde von 6000 Arbeitern in einer dreieinhalbjährigen Bauzeit bis 1894 errichtet, damit die Züge die Höhe erreichten, welche sie für den Eintritt in den Wipkinger Tunnel brauchten. Viele der Arbeiter kamen aus Italien und erhofften sich ein gutes Leben, konnten sich aber manchmal keine eigene Wohnung für sich und ihre Familie leisten. So lebten oftmals zwei oder drei Familien zusammen in einer Arbeiterwohnung. Sechs Tage pro Woche schufteten die Malocher und noch ohne Ferien. Was für ein Siegeszug für die Arbeiterschaft, als man eine Woche Ferien pro Jahr einführte!

In den 1990er-Jahren befand sich in den Viaduktbögen unter anderem „Banane + Frucht", eine der ersten illegalen Bars, neben weiteren als Lagerhallen und Autogaragen genutzten Bögen. Die Zürcher konnten mit den strikten

Viadukt

Josefswiese

Vorgaben des Gastgewerbegesetzes nicht mehr leben und drängten nach einer Liberalisierung. Viele der illegalen Bars, Restaurants und Clubs entstanden damals in Zürich-West. Die Subkultur um die kreativen „Besetzer" der späten 1980er- und frühen 1990er-Jahre hat das Image um Zürich-West geprägt. Der Stadtteil ist heute ein Trendviertel und extrem beliebt als Wohnort bei jungen Menschen und Familien. Bis zur Markthalle verlaufen die beiden Eisenbahnlinien auf dem Viadukt nebeneinander, danach läuft eine Richtung Norden nach Oerlikon und die andere führt Richtung Süden. Nachdem der Bahnhof Letten stillgelegt worden war, wandelte man das südliche Bahntrassee in einen Fußgänger- und Veloweg um. Als Vorbild galt der High Line Park in New York, ein Güterzugtrassee in Manhattan, das in einen Park umgewandelt wurde. Über das andere Trassee donnert heute noch alle drei Minuten ein Zug Richtung Norden. Die insgesamt 53 Bögen des Viadukts sind ein Architekturwunder, aber auch das Shopping-Highlight von Zürich-West.

Wir biegen nach links ab und gehen am Viadukt entlang bis zum ersten Durchgang, der den Blick freigibt auf die 5 **Josefswiese** – einst Treffpunkt der Arbeiterfamilien, welche für den Bau der Eisenbahnlinie in die Schweiz kamen. Heute ist der pulsierende Park das Herz des Quartiers. Man trifft sich zum Chillen, für ein Picknick oder um Fußball, Beachvolleyball oder Pétanque zu spielen, während die Kinder sich auf dem Spielplatz oder im Planschbecken vergnügen. Mittendrin steht der von einem Verein betriebene Kiosk, der zu günstigen Preisen selbst gemachte Kuchen, lokales Glacé und Grillspezialitäten, wie zum Beispiel „Wiedikerli", die stadtbekannten schmackhaften Würste aus Zürich-Wiedikon, verkauft.

Am anderen Ende der Josefswiese angekommen, unterqueren wir das Viadukt wieder und stehen direkt vor dem riesigen Kamin der Kehrichtverbrennungsanlage Josefstrasse. Als erste Kehrichtverbrennungsanlage der Schweiz ging sie 1904 in Betrieb – sie war die vierte Anlage auf dem europäischen Kontinent! In einer Zeit, als andere Gemeinden ihren Müll noch in Gruben oder an Seeufern ablagerten, wurde hier die Wärme der Rauchgase mittels einer Dampfturbine genutzt und die Schlacke als Auffüllmaterial und Baustoff verwendet. Über 80 Jahre sorgte die Kehrichtverbrennungsanlage Josefstrasse für die ökologische Versorgung von 8000 Haushalten mit Wärme und 13.000 Haushalten mit Strom. Da die Abfallmenge seit Jahrzehnten rückläufig ist, wurde die Kehrichtverbrennung zurückgebaut. Heute wird das umliegende Quartier, insbesondere der Hauptbahnhof, mit Wärme aus einem anderen Heizkraftwerk versorgt. Wir schlendern weiter am Viadukt entlang, bis wir zum letzten Bogen und der 6 **Markthalle** gelangen, wo die Stadtbewohner sich mit Blumen und Früchten, Fleisch und Käse, Wein und Feinkost Produkten eindecken.

Markthalle

Links der Markthalle überqueren wir die Limmatstrasse Richtung Löwenbräu, gehen aber geradeaus an diesem

Flussbad Unterer Letten

vorbei, überqueren dann die Sihlstrasse und folgen dem Dammsteg bis zum Fluss und auf die Brücke. Mitten auf der Brücke bleiben wir stehen und begutachten das älteste, pittoreske 7 **Flussbad „Unterer Letten".** Wer sich unter die Jugendlichen, Hippster und Quartierbewohner mischt und sich im unteren Letten erfrischt, muss in der starken Strömung darauf achten, dass man am unteren Ende angekommen, mit den Füßen die Gitterstäbe trifft. Für Familien und Kleinkinder gibt es am Sonnenhang auch Plansch- und Schwimmbecken. An Sommerabenden wird das Flussbad zum atemberaubend schönen Freiluftkino Filmfluss.

Löwenbräu

Zurück geht es zum 8 **Löwenbräu-Areal,** in dem fast 100 Jahre lang das bekannte Bier gebraut wurde. Während des Zweiten Weltkrieges wurde die Brauerei vorübergehend verstaatlicht und in den Silos wurde Getreide zur Ernährung der Stadtbevölkerung aufbewahrt. Täglich verließen mit Suppe gefüllte Biertanks das Areal in Richtung Wohnquartiere, um sicherzustellen, dass die Bewohner nicht verhungerten. Nach der Übernahme durch Hürlimann und der Schließung des Produktionsstandortes in Zürich 1984 stand das Areal leer, bis sich die Kunst in den alten Fabrikräumen einnistete. Der postindustrielle Charme in Zürich-West hatte für Kunsthändler aus der ganzen Welt eine hohe Anziehungskraft. Bei den Vernissagen spürte man den Spaß an der zeitgenössischen Kunst. Längst hat sich Zürich als Stadt und das Löwenbräu als Ort etabliert, an dem moderne Kunst gehandelt wird. Nebst zahlreichen Galerien und einer Kunstbuchhandlung begeistert das Migros Museum für Gegenwartskunst und die Kunsthalle Besucherinnen und Besucher aus aller Welt. Zwei

Escher Wyss Platz

Höfe laden zum Spazieren und Verweilen ein.

Wir folgen der Limmatstrasse weiter Richtung Westen und überqueren den 9 **Escher Wyss Platz** mit dem fünfteiligen Kunstwerk „Towers" aus Schweizer Backstein. Es entstand 2012 als Teil des Projektes „Art and the City" und erinnert an Aufsteck-Elemente eines Akkuschraubers. Das Künstlerduo „Los Carpinteros" aus Kuba hat auf diese Weise eine Hommage an die industrielle Vergangenheit der ehemaligen Industriestadt Aussersihl geschaffen. Erst 1893 wurde dieser Stadtteil eingemeindet und hatte damals mehr Einwohner als Zürich selbst. Heute kennt man Aussersihl als die beiden Stadtkreise vier und fünf.

Nach dem Unterqueren der Hardbrücke spazieren wir am Tramdepot entlang geradeaus weiter. Linker Hand befand sich zu Industriezeiten die Fabrik Escher Wyss, in der Textilmaschinen, Pumpen, Wasserräder und -turbinen gefertigt wurden. Noch heute zeugen die Gleise am Boden davon, wie die großen Maschinen auf Zügen von hier aus in die ganze Schweiz transportiert wurden. Aus dem Backsteingebäude „Modellmagazin" entstanden die Escher Terrassen, die heute die Probebühne des Opernhauses beherbergen und um ein 19-geschossiges Wohnhochhaus erweitert wurden. Gleich nach den Escher Terrassen biegen wir links ab und folgen etwa 200 Meter dem Fußweg am Gebäude entlang bis zum futuristischen Turbinenplatz, wo sich der Eingang in die ehemalige Gießerei 10 **Puls 5** befindet. Ein moderner Gebäudemantel aus Glas und Metall umschließt die historische Gießereihalle von 1898, welche mal Eventlokalität und mal gedeckter Dorfplatz ist. Im Industriezeitalter wurde hier Eisen gegossen und weiterverarbeitet. Nachdem 1975 die Hochöfen abgeschaltet worden waren, diente die Halle 30 Jahre als Lager, bis ihr neues Leben eingehaucht wurde. Kleine Geschäfte, Restaurants und Take-aways im Erdgeschoss und der beliebte Fitnesspark der Migros sorgen für Publikumsverkehr.

Zurück auf dem Turbinenplatz, überqueren wir diesen und biegen links in die Schiffbaustrasse ab. Hier ist der Industriegroove noch sicht- und spürbar. Entlang des 11 **Schiffbaus** gehen wir bis zum Schiffbauplatz, wo sich der Eingang befindet. Auch wenn nichts los ist, ist der Schiffbau immer einen Besuch wert. Beim Betreten der wunderschönen Halle kann man sich sehr gut vorstellen, wie hier Verkehrsschiffe gebaut wurden, die heute noch auf den Schweizer Seen verkehren. In einem Glaskubus, mitten in der Halle, steht das schicke Restaurant „La Salle" mit seinem riesigen Kronleuchter aus Muranoglas. Dank der speziellen Kombination der schwarzen Mauern, die von der Fabrikgeschichte erzählen, und dem gepflegten Ambiente des Restaurants, ist es in seiner 20-jährigen Geschichte zu einer Institution geworden. Hinter dem Glaskubus befindet sich in der Halle ein Betonkubus – der den Jazzclub Moods beheimatet. Im Moods erlebt man hochwertige Konzerte in einem gemüt-

Puls 5

lichen, intimen Ambiente mit einer ausgezeichneten Akustik – und erstklassige Drinks an der charmanten Bar. Um den Jazzclub herum sind in der denkmalgeschützten Industriehalle drei Theatersäle des Schauspielhauses.

Mit der Geschichte in der Seele schlendern wir zurück zum Turbinenplatz. Dort angekommen, wenden wir uns nach links und dann gleich wieder nach rechts, folgen der viel befahrenen Pfingstweidstrasse, vorbei am Technopark und überqueren sie auf der schönen Gleisbogenbrücke. Die Rampe führt direkt in den ⑫ **Pfingstweidpark,** einen der modernsten Parks der Stadt. Spiel- und Liegewiesen, Tischtennis, Brunnen und Wasserbecken, ein Spielplatz und Grillstellen sorgen dafür, dass man sich wohlfühlt, auch wenn die Bäume dieses jungen Parks noch etwas wachsen müssen,

Pfingstweidpark

um Schatten zu spenden. Gegen die verkehrsreiche Pfingstweidstrasse schirmt die Pfingstweidschule den Park ab – der faszinierende Bau besticht auf der Parkseite durch seine Laubengänge und die Fassade aus Holz im Kurhausstil. Auf dem Schulhausplatz erinnern Mühl- und Zahnräder an die Industriegeschichte des Quartiers.

Auf der Seite der Eisenbahngleise verlassen wir den Park wieder und nehmen den Gleisbogen, wie der neue Fuß- und Veloweg heißt, der als rotes Betonband zwischen den ehemaligen Gleisen gestaltet ist und den direktesten Weg zum Bahnhof Hardbrücke weist. Über 80 Ginkgobäume begleiten uns auf unserem Weg. Kurz bevor wir beim Ausgangspunkt, der Hardbrücke, ankommen, treffen wir auf den 13 **Prime Tower.** Das architektonisch herausragende, grün verglaste Hochhaus ist mit 126 Metern das höchste Gebäude der Stadt. Das Wahrzeichen von Zürich-West, das 2000 Arbeitsplätze bietet, wurde vom Architektenduo Gigon/Guyer geschaffen. Die Highlights sind das beliebte Gourmet-Restaurant, das etwas einfachere Bistro, die Bar mit den guten Drinks und der Aussicht gegen Westen und die Zigarrenlounge im 35. Stock. Von ganz oben sieht die Stadt aus wie eine Spielzeuglandschaft und die Züge wie eine Modelleisenbahn. Im schönsten Licht präsentiert sich der Prime Tower allerdings von Westen her bei Sonnenuntergang, wenn sich das goldene Licht in ihm spiegelt.

6 DOPPELTE BÄHNLITOUR

Start/Ziel: Hauptbahnhof, 8001 Zürich
(GPS: 47.3856873, 8.5063834)
Länge: 4,1 und 6,4 Kilometer
Dauer: ca. 2 und 3 Stunden
ÖPNV: Haltestelle Hauptbahnhof, Tram 3, 6, 10, 14, 17, Bus 31, diverse S-Bahnen
Parken: Parkhaus Urania, 8001 Zürich

Unterwegs entdeckt:

1. Polybahn
2. Polyterrasse
3. Seilbahn Rigiblick
4. Hotel Zürichberg
5. Home of FIFA
6. The Dolder Grand
7. Dolderbahn
8. Bahnhof Stadelhofen
9. Uetlibergbahn
10. Planetenweg
11. Aussichtsturm
12. Luftseilbahn Adliswil Felsenegg

Essen + Trinken:

Auf der Terrasse des **Hotel Zürichberg,** Orellistrasse 21, 8044 Zürich, Tel. +41 (44) 268 35 35 (www.sorellhotels.com/de/zuerichberg) lässt sich die herrliche Aussicht genießen.

Ein Geheimtipp ist das **Hofcafé,** Mädikon 2, 8143 Stallikon, Tel. +41 (43) 322 83 06, das sich fast am Ende der Tour befindet. Selbst gemachte Kuchen, Brot und sogar Wienerli sowie andere Hof-Spezialitäten – nur Samstag und Sonntag geöffnet.

Von Seilbahn zu Seilbahn

Wer denkt, dass es Bergbahnen nur in den Bergen gibt, der muss Zürichs schönste Bergtour kennenlernen. Dank den Gletschern von damals geht es heute rund um den Zürichsee und die Limmat bergauf. Die Tour ist ein Mix aus Erlebnisfahrten mit verschiedenen Seilbahnen und Abschnitten zu Fuß. Auf dieser Tour geht es hoch auf den Zürichberg, auf der Anhöhe zum Adlisberg, dann wieder ins Tal und auf der anderen Seite hoch. Auf einer Gratwanderung erkunden wir noch dazu die Planeten im All, bevor wir mit der Luftseilbahn wieder ins Tal gelangen. Die Tour kann in zwei Etappen aufgeteilt werden.

Der Start ist auf Seehöhe, 405 Meter ü. M., am Hauptbahnhof. Die alte Bahnhofshalle stammt aus der Zeit von 1871, als noch Dampflokomotiven einfuhren und auf dem Bahnhofsplatz Rössli-Trams, von Pferden gezogene Wagen, verkehrten. Wir durchqueren die Bahnhofshalle und verlassen sie bei den Arkaden rechts in Richtung Tramhaltestelle Bahnhofquai/Hauptbahnhof. Wir überqueren die Straße beim Lichtsignal und gehen geradeaus weiter über die Tramgleise der Haltestelle, um über die Bahnhofsbrücke zu spazieren zum Central. Die große Kreuzung mit den vielen Tramgleisen überqueren wir diagonal Richtung Limmatquai und wenden uns Richtung Starbucks. Daneben befindet sich ein Wahrzeichen Zürichs, die ❶ **Polybahn,** die kürzeste Drahtseilbahn der Welt. Die Fahrt im nostalgischen Waggon dauert nur gerade eine Minute. Nach wenigen Metern überquert der „Studenten-Express" das Viadukt über den Seiler- und Hirschengraben und bringt Stu-

Polybahn

dierende in Rekordzeit zu den Hochschulen. Die Eröffnung der Polybahn 1889 fiel in eine Zeit, in der im ganzen Land Bergbahnen entstanden, die Touristen und Einheimischen die Aussichtspunkte zugängig machten. Acht Jahre danach stellte die bis dahin mit Wasser angetriebene Bahn auf elektrischen Antrieb um. Dass das „Polybähnli" durchaus mit Emotionen verbunden ist, zeigte sich in den 1970er-Jahren, als es der dringenden Sanierung bedurfte, aber kein Geld vorhanden war. Das beherzte Eingreifen der Schweizerischen Bankgesellschaft, heute UBS, rettete die Polybahn. Auch Studierende, Dozenten, Angestellte und Assistenten des Polytechnikums engagierten sich und formierten den „Verein Pro Polybahn". Das Rettungskomitee veranstaltete Sammelaktionen und übernahm sogar den Feriendienst.

Oben angekommen lohnt es sich, ein paar Meter weiter zur 2 **Polyterrasse** zu gehen. Wir verlassen die Bergstation und gehen etwa 100 Meter nach rechts. Die Polyterrasse befindet sich zu Füßen der Eidgenössischen Technischen Hochschule (ETH) und bietet eine fantastische Aussicht. Man ist ganz nah an der Stadt dran, eigentlich mittendrin, auf Au-

Polyterrasse

genhöhe mit den Kirchtürmen, die das Dächermeer überragen. Mit der ETH, einer der besten Hochschulen weltweit, im Rücken, fühlt man sich stolz, in einem so innovativen Land wie der Schweiz zu sein. Den Wohlstand verdankt das Land unter anderem auch der ETH.

Wir gehen rechts an der ETH vorbei, überqueren die Leonhardstrasse und folgen der Karl-Schmid-Strasse bis zur Rämistrasse. Wir begeben uns nach links, Richtung Haupteingang der ETH, passieren diesen, überqueren die Tannenstrasse und sehen bereits die Tramhaltestelle ETH/Universitätsspital der Linien 9 und 10 Richtung Zürichberg. Wir nehmen das Tram für drei Haltestellen bis Seilbahn Rigiblick. Beim Ausstieg wählen wir den Zebrastreifen und se-

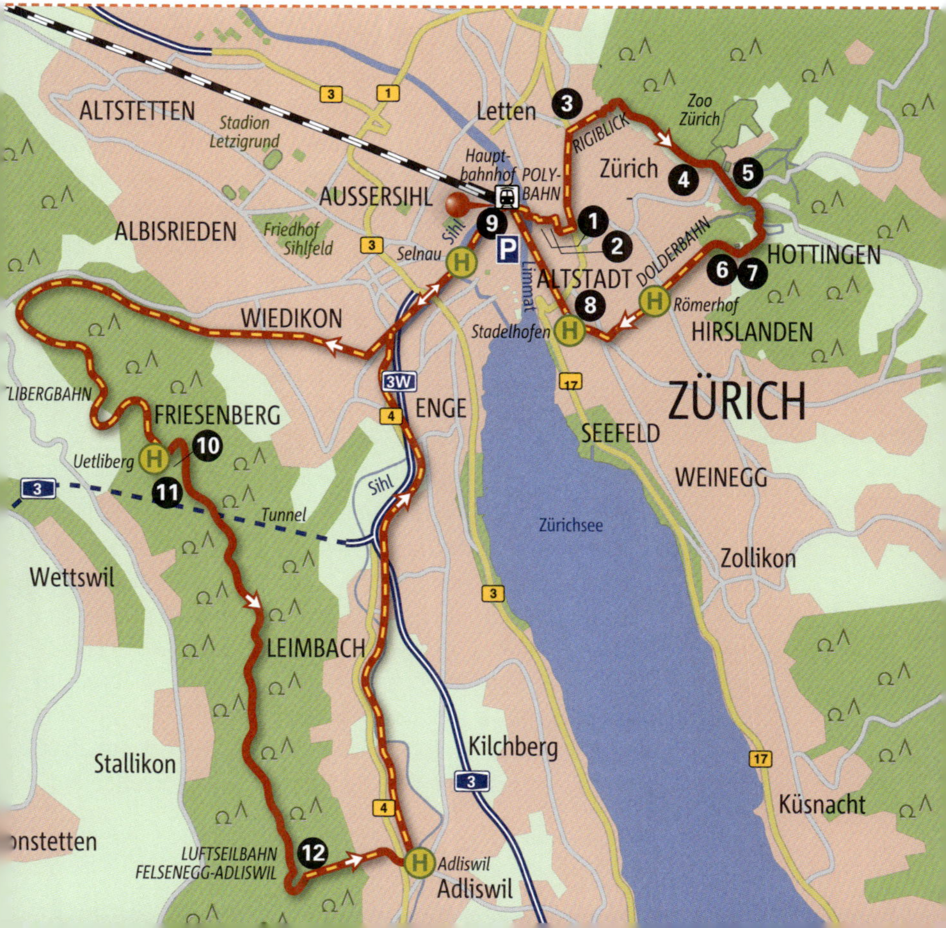

hen, etwas versteckt, neben dem Eingang der Migros-Filiale, das Bahnhäuschen der ③ **Seilbahn Rigiblick.** Die kleine Standseilbahn überwindet bei einer Fahrstrecke von 385 Metern eine Höhendifferenz von 94 Metern. Mit dem Bau des Viadukts über die Hadlaubstrasse wurde in der Schweiz zum ersten Mal eine Stahlbrücke aus armiertem Eisenbeton gebaut. 1901 nahm sie ihren Betrieb auf: Der Fahrpreis betrug damals 20 Rappen. Die Zürcher Stadtväter hofften, mit der Standseilbahn mehr Leben in das damals noch wenig entwickelte Quartier zu bringen und den Zürichberg als Naherholungsraum zu fördern. Sie war die steilste und nach einer umfangreichen Sanierung 1979 die erste vollautomatische Seilbahn in der Schweiz mit Zwischenstationen.

Seilbahn Rigiblick

Auf der Höhe an der Endstation angekommen, erwartet uns ein etwa halbstündiger Spaziergang durch den Wald. Dafür wenden wir uns zuerst links hinauf in die Freudenbergstrasse, überqueren die Susenbergstrasse und gehen geradeaus weiter, den kleinen Batteriesteig hoch. Im Wald angekommen, geht man rechts, zuerst im Zickzack durch den Wald den Hügel hinauf und dann bei der ersten Kreuzung rechts. Der Waldweg führt uns am Waldrand entlang. Beim Brunnen wechselt der Name des Weges. Der Spyristeig ist nach Johanna Spyri benannt, Autorin von „Heidi", einem der meistgelesenen Kinderbücher weltweit. Aus dem Spyristeig wird an dieser Stelle der Orelliweg. Dieser Weg gilt als Geheimtipp für Spazieren mit Aussicht. Immer wieder laden Sitzbänke zum Verweilen ein. Der Brunnen ist Susanna Orelli, der „Förderin des Volkswohls", mit folgenden Worten gewidmet: „Im Guten liegt ewige Lebenskraft." Orelli war Ende des 19. Jahrhunderts eine treibende Kraft in der Abstinenzbewegung, in einer Zeit, als Alkohol viele Familien zerstörte und großes Elend hinterließ.

Hotel Zürichberg

Auf den folgenden Metern genießen wir die herrliche Aussicht auf Stadt, See und Berge. Vis-a-vis erkennen wir den Uetliberg mit seinem Aussichtsturm. Aus dem Orelliweg wird die Orellistrasse, der wir weiterhin geradeaus folgen, bis zum ④ **Hotel Zürichberg.** Mit dem Bau dieses Hotels als alkoholfreies Volks- und Kurhaus wollte Orelli allen Bevölkerungsschichten die Möglichkeit bieten, an privilegierter Lage hoch über der Stadt eine Auszeit zu genießen oder sich bei Kaffee und Kuchen verwöhnen zu lassen. Nach einer Bauzeit von 15 Monaten wurde der Betrieb am 1. November 1900 eröffnet. Eine Übernachtung im neuen Hotel kostete 1,50 CHF, mit Vollpension 3,00 CHF.

Home of FIFA

Wir folgen der Strasse weiter und gehen am Friedhof entlang, bis zur Tram-Endstation Zoo. Manchmal hört man das Brüllen der Löwen bis hierher. Die Straße links führt zum Zoo, aber wir gehen geradeaus weiter, überqueren die Zürichbergstrasse und spazieren die Dreiwiesenstrasse entlang. Nach etwa 100 Metern kündigen farbige Fahnen ⑤ **Home of FIFA** an. Die berühmte Architektin Tilla Theus kreierte 2006 den Hauptsitz des Weltfußballverbandes. Das Gebäude ist eher niedrig und von einem gewebeartigen Metallnetz umhüllt. Von außen macht es einen eher schlichten Eindruck, innen zeigt sich jedoch unverhohlener Luxus. Nur die wertvollsten Materialien, wie ein Bodenbelag

6 DOPPELTE BÄHNLITOUR

The Dolder Grand

aus Lapislazuli, wurden verbaut. Der würdevolle 240-Millionen-Bau liegt zum Großteil unter der Erde. Es gibt sechs Untergeschosse und nur zwei Obergeschosse. Über der Erde sind die Empfangshalle von der Größe eines Fussballfeldes, die Büros für 300 Mitarbeiter und ein Konferenzsaal. Unterirdisch gibt es unter anderem einen Meditationsraum für die fünf Weltreligionen mit einem begehbaren Schrein aus beleuchtetem Onyx. Das Foyer und der wunderschön gepflegte Park dürfen zu Öffnungszeiten besucht werden. Der Park ist in sechs Teile aufgeteilt, die mit ihrer unterschiedlichen Vegetation das „Spiel der Kontinente" Europa, Asien, Südamerika, Ozeanien, Afrika und Nordamerika symbolisieren.

Weiter geht es in derselben Richtung bis zu einer Kreuzung mitten im Wald. Hier geht es leicht links weiter geradeaus auf einem Waldweg, der zuerst entlang der Straße verläuft und dann in den Wald führt. Ein kleiner Waldweg kreuzt die Grütholzstrasse, auf der wir uns befinden, wir gehen aber geradeaus weiter, bis wir auf die Adlisbergstrasse gelangen und vor dem Freibad Dolder stehen. Hier biegen wir nach links und bei der Golf-Driving-Range angekommen, nach rechts, über den Parkplatz. Es geht um die Kunsteisbahn Dolder herum, der Straße folgend, den Hügel abwärts, am Tennisplatz vorbei, Richtung 6 **The Dolder Grand.**

Der paradiesische Wellnessbereich des The Dolder Grand steht allen offen.

1899 eröffnete das Dolder Grand Hotel & Curhaus. Eine Übernachtung im Doppelzimmer kostete in der Hauptsaison 12 bis 20 CHF. Zu den berühmten Gästen gehörten Winston Churchill und Thomas Mann. Das Grand Hotel wurde immer wieder Treffpunkt für die royale, politische und wirtschaftliche Prominenz und war Schauplatz der Unterhaltungs- und Filmindustrie. Der Londoner Architekt Norman Foster restaurierte 2008 das mit Erkern und Türmchen verspielt geschmückte Märchenschloss und ergänzte einen geschlängelten Neubau, in dem sich moderne Zimmer und Suiten, ein fantastischer Wellnessbereich und festliche Ballsäle befinden. Der Bau war ein Balanceakt zwischen Denkmalschutz und Innovation, Jugendstil und Avantgarde-Architektur, Belle Époque

Dolderbahn

und Hightech. Es lohnt sich, bis zum Haupteingang vorzugehen und eventuell sogar einen Drink in der Bar zu genießen.

Danach müssen wir wieder ein paar Schritte zurück, denn über dem edelsten Hotel der Stadt befindet sich die Bergstation der 7 **Dolderbahn.** In knapp sechs Minuten bringt uns die Zahnradbahn abwärts bis zum Römerhof, zurück in eine andere Welt. Auch die Dolderbahn wurde im ausgehenden 19. Jahrhundert gebaut, um der Zürcher Bevölkerung ein Erholungsgebiet „fern der lebhaften Stadt" zu eröffnen.

Angekommen am Römerhof wechseln wir auf das Tram. Dafür gehen wir über den Platz vor der Talstation, überqueren die Asylstrasse und biegen leicht links in die Klosbachstrasse, die den Berg hinunterführt. Mit dem Tram Nr. 8 gelangt man nach wenigen Stationen zum 8 **Bahnhof Stadelhofen.** Der 1894 erbaute Bahnhof musste für die S-Bahn 1990 erweitert werden. Diese moderne Erweiterung wurde von dem international bekannten Architekt und Designer Calatrava entworfen. Er verwendete Beton und Stahl als Materialien und für die Gestaltung dienten ihm die Rippen eines Stiers als Vorbild. Wir nehmen eine beliebige S-Bahn bis zum Hauptbahnhof. Dann durchqueren wir den unterirdischen Hauptbahnhof zum Gleis 22, wo die Uetlibergbahn uns zum höchsten Punkt der Stadt auf 873 Meter ü. M. bringt. Hier beginnt der zweite Teil unseres Ausflugs.

Die 9 **Uetlibergbahn** galt mit bis zu 79 Promille Steigung lange Zeit als steilste normalspurige Eisenbahnstrecke Europas. Eröffnet 1875, ist sie die älteste aller Bergbahnen in Zürich. Sie fährt alle 30 Minuten und schlängelt sich durch den großen Wald den Hügel hoch. Nach einer guten halben Stunde erreicht man die Uetliberg Bergstation, die im Winter oft über der Nebelgrenze liegt. Ein kurzer, aber steiler Spaziergang führt zur Spitze des Berges. Vom Bahnhof sehen wir rechts einen Weg mit Treppe, dem wir den Berg hinauf folgen. Nachdem wir auf einen breiteren Weg gelangt sind, sehen wir auf einem Findling eine Gedenktafel, die uns daran erinnert, dass hier bereits 1000 Jahre v. Chr. die urgeschichtliche Festung Uetliberg stand.

Bahnhof Stadelhofen

Aussichtsplattform

6 DOPPELTE BÄHNLITOUR

Aussichtsturm

Wir befinden uns bereits auf dem ⑩ **Planetenweg,** der uns bis zur Felsenegg bringen wird. Der Weg bildet die Entfernungen im Sonnensystem im Verhältnis ab. Jeder Meter des Weges entspricht einer Distanz von 1 Million Kilometer. Diese knapp zweistündige Wanderung führt von der Sonne aus vorbei an den acht Planeten, bis hin zum Zwergplaneten Pluto. Auf dem Weg zur Aussichtsplattform begegnen wir Skulpturen von Bruno Weber. Seine Straßenlaternen in der Form von faszinierenden Hirschen beleuchten den Weg.

Auf der Höhe angekommen, steigen wir auf den ⑪ **Aussichtsturm,** der eine atemberaubende Panoramasicht auf die Stadt und das Umland freigibt. Dazu muss man zwar zahlreiche Stufen meistern, aber die Mühe lohnt sich. Bei guter Sicht kann man den Säntis, die Innerschweizer Alpen und sogar die Spitzen der Berner und Walliser Alpen ausmachen. Die Plattform mit ihren vielen Bänken lädt zu einer Pause ein. Am Ende der Plattform gibt es eine Treppe, die steil den Berg hinunterführt und uns zu den nächsten Planeten bringt. Am Ende der Treppe gehen wir geradeaus weiter und kommen nach ein paar Minuten am Bergrestaurant Uto Staffel vorbei. Wir bleiben während der gesamten Route auf dem Hauptweg und wandern an allen Planeten unseres Sonnensystems vorbei, immer geradeaus Richtung Süden. Uns begleitet die faszinierende Aussicht auf die Stadt und den glitzernden Zürichsee mit Bergkulisse im Hintergrund zur Linken und den sanften, ländlichen Hügeln der Albiskette zur Rechten. Nach etwa zwei Stunden gelangt man zur letzten Anhöhe. An diesem Ort stand die Burg Baldern. Der Legende nach war sie im 9. Jahrhundert der Wohnort von Hildegard und Berta, den Töchtern von König Ludwig dem Deutschen. Die gläubigen Töchter marschierten jeden Tag zum Gebet zu einer Kapelle an der Limmat. Als sie sich eines Nachts verirrten, zeigte ein Hirsch mit einem leuchtenden Geweih ihnen den Weg. An der Stelle der Kapelle ließ Ludwig der Deutsche das Kloster Fraumünster bauen, dem die beiden Prinzessinnen als erste Äbtissinnen vorstanden.

Luftseilbahn Adliswil Felsenegg

Das letzte Stück des Weges ist eine Gratwanderung, mit zu beiden Seiten abfallenden Hängen. Der Weg ist breit genug, sodass man sich nicht fürchten muss. Wir gehen am Sendemast vorbei, bis zur Bergstation der ⑫ **Luftseilbahn Adliswil Felsenegg,** die uns wieder ins Tal bringt.

Von der Talstation in Adliswil sind es noch fünf Minuten Fußweg. Zuerst gehen wir 20 Meter nach rechts und dann links auf dem Felseneggweg entlang. Bei der Rellstenstrasse gehen wir geradeaus weiter, den Berg hinunter, über die Brücke bis zum Bahnhof Adliswil. Die SZU-Bahn bringt uns zurück zum Hauptbahnhof.

7 WITIKON

Start/Ziel: Zentrum Witikon, 8053 Zürich (GPS: 47.3588075, 8.5836678)
Länge: 4 oder 8,2 Kilometer
Dauer: ca. 2 oder 3 Stunden
ÖPNV: Haltestelle Witikon Zentrum, Bus 31
Parken: Witikon Parkhaus, Buchzelgstrasse 28, 8053 Zürich

Unterwegs entdeckt:

1. Stadtratbunker
2. Kirche Maria Krönung
3. Segetenhaus
4. Lehrbienenstand
5. Stierenhaus
6. Alte Kirche Witikon
7. Meyerhofscheune
8. Loorenkopfturm

Essen + Trinken:

Vom Loorenkopfturm gelangt man auf einem knapp 30-minütigen Spaziergang durch den Wald zum rustikal und ländlich eingerichteten, urgemütlichen **Restaurant Degenried,** Degenriedstrasse 135, 8032 Zürich, Tel. +41 (44) 381 51 80 (www.degenried.ch). Durch das große Fenster kann man den Wald und das Leben darin beobachten.

Im Zentrum Witikons betreibt die Reformierte Kirche mit dem Einsatz von Freiwilligen das Bistro **Hoch3,** Witikonerstrasse 292, 8053 Zürich, Tel. +41 (44) 422 50 58 (www.witikon-hoch3.ch). Mittags und frühabends gibt es Menüs zu fairen Preisen.

Wer den Extraweg zum Loorenkopfturm geht, sollte Zeitungspapier, Zündhölzer und etwas Grillgut einpacken.

Über dem Nebelmeer

Wenn in anderen Teilen der Stadt noch dichter Nebel liegt, scheint in Witikon bereits die Sonne. Das Hochplateau liegt 200 Meter über dem Stadtzentrum. Die frische Höhenluft ist im Durchschnitt zwei Grad kühler als auf Seehöhe. Dank der Abtrennung durch Tobel und Wald, wirkt Witikon noch heute wie eine Ortschaft für sich. Auf den Spuren des Baubooms der 1960er-Jahre entdecken wir die spektakulärste Kirche der Stadt, viel Natur und eine alte Kirche, die von den Franzosen beschossen wurde. Als kleines Extra kann die Tour mit dem Besuch des Loorenkopf-Aussichtsturms um eine Stunde verlängert werden.

Der Name Witikon kommt von Vuitinchova, was „Hof des Vito" bedeutet. Die Endung -ova (= Hof) lässt erkennen, dass dieser Hof in der Zeit der zweiten Einwanderungswelle der Alemannen im 7. Jahrhundert gegründet worden ist. Die erste Aufzeichnung zum Ort stammt von 946, und zwar wurde er in einem Entscheid erwähnt, der festlegte, dass der Zehnte an das Chorherrenstift Grossmünster zu leisten sei.

Von der Bushaltestelle Zentrum Witikon folgen wir der Hauptstraße den Berg hinunter, an der neuen Reformierten Kirche vorbei und biegen dann links in die Straße mit dem klingenden Namen Heilighüsli. Wir folgen ihr etwa 150 Meter am Schulgelände entlang. In den 1934 eingemeindeten Vororten Zürichs, zu denen auch Witikon gehört, wurden auch neue Schulhäuser errichtet, als die Bebauung der neuen Quartiere anlief. Eines davon ist das Schulhaus Langmatt von 1933. Es wirkt auf den ersten Blick nicht gerade wie ein architektonisches Wunderwerk, veranschaulicht aber die früheren Ideale im Schulhausbau im Sinne der klassischen Moderne. Nicht unbedingt repräsentativ sollte ein Schulhaus sein, sondern die Bedürfnisse der Kinder in den Mittelpunkt stellen. Eher unscheinbar sehen die lang gezogenen, eingeschossigen Gebäude aus. Licht, Luft, Bewegung und Zugang zum Freien waren wichtig.

Am Ende der Straße sehen wir rechts in der Wiese ein Drahthaus. Es ist der ❶ **Stadtratbunker,** von dem lediglich

Stadtratbunker

das Drahthaus sichtbar ist, das den Eingang zur unterirdischen Anlage schützt. Im Zweiten Weltkrieg bestimmte General Guisan eine Hauptverteidigungslinie, die sogenannte Limmatlinie, die von Sargans aus mitten durch die Stadt Zürich bis nach Basel führte. Als 1940 die Deutschen in Frankreich einfielen, löste dies bei der Schweizer Armee die zweite Mobilmachung aus. Der kursierende Spruch der Deutschen „Die Schweiz, das kleine Stachelschwein, nehmen wir vor dem Frühstück ein" verängstigte die Bevölkerung. In der Stadt Zürich wurde ein Stadtkommando geschaffen, das mit den Vorbereitungen zur Verteidigung der Stadt beauftragt wurde. Es setzte eine hektische Bautätigkeit ein, in der innerhalb von zwei Monaten 95 Kampfstände und Bunker errichtet wurden. Die Bevölkerung schaute den Aktivitäten der Armee mit gemischten Gefühlen zu, wurde dadurch die Stadt doch zum potenziellen Kriegsschauplatz. In einen dieser Bunker, weit weg von der Innenstadt, in Witikon, zog der Stadtrat ein. Im unterirdischen Kommandoposten wurde regiert – im Falle eines Angriffs hätte sich der Stadtrat ganz dorthin zurückgezogen, denn der Bunker war auch bewohnbar, mit Betten, Küche und sanitären Installationen.

Wir biegen vor dem Drahthaus nach rechts in den kleinen Kiesweg und nach ein paar Schritten, bei der Gabelung, links auf den Nagelfluhweg. Auf dem Höhenweg genießen wir das Panorama und die Ruhe: ein schöner Ort, um auf einer Bank eine Pause zu machen. Bei der ersten Gabelung gehen wir links und gleich nochmals links, die kleine Straße hoch. Bei der Steinbrüchelstrasse angekommen, gehen wir 20 Meter nach links und dann gleich wieder nach rechts den kleinen Fußgängerweg hoch, der uns zwischen den Häusern zur Carl-Spitteler-Strasse bringt. Auf unserer rechten Seite liegt die 2 **Kirche Maria Krönung,** ein ausdrucksstarkes Beispiel moderner Sakralarchitektur. Der charismatische Witikoner Stararchitekt, Justus Dahinden, empfand den Grundriss ei-

Kirche Maria Krönung

ner Hand nach – jeder Finger ist ein Seitenschiff. Die Kirche muss man unbedingt von innen sehen. Dem Licht, Symbol des Göttlichen und der Auferstehung, kommt in der Architektursprache Dahindens eine große Bedeutung zu. Die Wände streben zeltartig in die Höhe, vom Dach fällt helles Tageslicht in den ansonsten dunkel gehaltenen Kirchenraum. In dieser mystischen Atmosphäre wird einem bewusst, weshalb Dahinden von seinen weltweiten Bewunderern auch „Architekt des Lichts" genannt wird.

Nachdem wir aus der Kirche getreten sind, gehen wir rechts weiter und spazieren die Carl-Spitteler-Strasse entlang, bis der Segetenweg unseren Weg kreuzt, wo wir rechts abbiegen Richtung Segetenhaus. Am Ende der Straße, wo der geteerte Weg in einen Kiesweg mündet, gehen wir geradeaus weiter. Nach wenigen Metern, an der Kreuzung, halten wir uns links, folgen dem Wegweiser Richtung Segetenhaus und genießen noch einmal die schöne Aussicht auf die Stadt und den See. Bei der ersten Möglichkeit rechts abzubiegen, gehen wir, beim Wäldchen angekommen, den Berg hinunter und sehen bereits das 3 **Segetenhaus,** das mit einer span-

nenden Geschichte aufwartet: Ein Zimmermann aus Stuttgart verliebte sich 1911 auf seiner Wanderschaft durch das Züribiet in die Riesbacherin Emilie Pfenninger – und suchte gemeinsam mit ihr ein Stück Land mit einer Quelle. Emilies Vater kaufte das Land von der Gemeinde Witikon und gab es an seine Tochter weiter. Man munkelt, dass das darauf errichtete Wohnhaus, inklusive Werkstatt und Stall, beim Schein der Petroleumlampe gebaut wurde und die Witiker es erst bemerkt hätten, als es schon fertig war. Aus Sympathie und weil das Haus von sehr guter Qualität gebaut war, erließ der Gemeinderat nur eine sehr kleine Strafe für die fehlende Baubewilligung. Rund ums Haus baute die Familie Gemüse an, das sie auf dem Markt in Witikon und in der Stadt verkaufte. Nach dem Tod der Eltern führte eines der sieben Kinder, Martha, den Gemüseanbau weiter. Wie bescheiden Martha lebte, beweist die Tatsache, dass das Haus bis 1997 ohne Stromanschluss war. 1990 verkaufte Martha das schöne

Segetenhaus

Waldhaus an die Stadt, behielt aber das Wohnrecht bis zu ihrem Tode. Wie verbunden die Witiker mit dem Segetenhaus sind, zeigte sich, als die Stadt das Haus abreißen lassen wollte, aber eine beherzte Bürgeraktion sich dagegen wehrte und einen Verein gründete, der das Haus seither unterhält.

„Ohne Bienen kein Leben." Seit 2018 gibt es im Kanton Zürich einen Bienenbeauftragten, der Wissen bereitstellt und als Anlaufstelle dient, wenn es um den Schutz der Wild- und Honigbienen geht. Zum Bemühen, dem Verlust des Blütenreichtums durch intensive Landwirtschaft und Zersiedelung entgegenzuwirken, kann jeder beitragen, indem er im Garten, auf dem Balkon oder auf dem Fensterbrett Blumen zum Blühen bringt. Unterhalb des Segetenhauses, rechts auf der Wiese, betreibt der Verein Zürcher Bienenfreunde einen 4 **Lehrbienenstand,** an dem neue Imkerinnen und Imker in einem zweijährigen Kurs in das Handwerk der Bienenhaltung eingeführt werden. Bei der Bienenfrage steht nicht nur die Produktion von Honig im Mittelpunkt, sondern auch die Ernte von Obst und Gemüse. Die Bienen bestäuben rund 80 Prozent unserer Nutz- und Wildpflanzen und stellen damit den Fortbestand der Pflanzenarten sicher, was einem Großteil der menschlichen und tierischen Ernährung entspricht. Gibt es mehr Bienen, fällt auch die Ernte deutlich besser aus.

Von den weltweit 20.000 Bienenarten produzieren nur neun Honig.

Wir gehen denselben Weg zurück auf die Anhöhe und halten uns über drei Kreuzungen immer geradeaus. Zuerst führt unsere Route am Bach und am Wäldchen entlang, dann zwischen den Häusern hindurch, bis zur alten Scheune des Grabmalkünstlers an der Berghaldenstrasse. Hier drehen wir nach rechts und bei der ersten Möglichkeit wieder nach links in den Serpentinweg. Bei der Trichtenhausenstrasse angekommen, überqueren wir diese und gehen zuerst ganz kurz nach rechts und dann gleich wieder nach links, damit wir geradeaus weitergehen können auf dem Kienastenwiesweg. Vor der Nummer 38 bleiben wir verzückt stehen. Die als 5 **Stierenhaus** bekannte Villa Dahinden baute Justus Dahinden für seine Familie als Wohnhaus. Wir kennen ihn bereits als Architekten der Kirche Maria Krönung. Nach dem

Ende des Zweiten Weltkriegs studierte er Architektur an der ETH. Dahinden experimentierte mit Systembauten in allen Formen. Seine Werke haben etwas gemeinsam: Sie sind allesamt provokante Bauwerke, manchmal fast ins Utopische neigend. Und immer wieder zeichnete er Pyramiden, in allen Formen integrierte er sie in Kirchen, Freizeitbauten, Bürogebäude und Wohnhäuser. Vor Dahindens Wohnhaus mit den glänzenden Kuppeln, das Architekturfans aus der ganzen Welt anzieht, steht eine Säule mit Stierköpfen von Bruno Weber und auch die Fassade ist mit zahlreichen Stierköpfen geschmückt. Immer wieder arbeitete Dahinden mit dem Künstler Bruno Weber zusammen, auch außerhalb der Schweiz. In Dietikon im Skulpturenpark schuf Weber eine fantastische Märchenwelt, inklusive Traumhaus, das er bis an sein Lebensende selbst bewohnte.

Stierenhaus

Alte Kirche Witikon

Nun gehen wir zurück etwa 150 Meter den Kienastenwiesweg entlang. Dann biegen wir rechts ab in die Zweiackerstrasse, der wir eine ganze Weile folgen. Wir überqueren die Trichtenhausenstrasse und orientieren uns erneut geradeaus weiter, bis wir wieder fast beim Grabmalkünstler sind. Wir nehmen aber nicht die Richtung zur alten Scheune, sondern wenden uns nach rechts in die Berghaldenstrasse, die uns in den alten Dorfkern führt. Gemütlich spazieren wir zwischen den alten Bauernhäusern hindurch und direkt auf die 6 **Alte Kirche Witikon** zu, die wir im Hintergrund bereits entdecken können. Ein kleiner gepflasterter Fußweg führt hoch zur Kirche. Von der mit 629 Meter ü. M. höchst gelegenen Kirche der Stadt hat man einen fantastischen Panoramablick vom Zürichsee bis zu den Berner Alpen mit Eiger, Mönch und Jungfrau. Schon bei den Kelten soll die Hügelkuppe ein Kultort gewesen sein. Die inmitten des historischen Kirchhofs liegende romanische Kapelle stammt von 1270 und ist dem heiligen Otmar gewidmet. Zur Zeit der Helvetischen Republik fanden mehrere Schlachten rund um Zürich statt: zwischen den Österreichern und Russen auf der einen Seite und den Franzosen auf der anderen Seite. Im Jahr 1799 führte André Masséna die französischen Truppen an und legte einen Ring um die

Stadt Zürich, um sie vor den Russen zu schützen. Einer der Vorposten der Festung befand sich auf dem Kirchenhügel. Die Österreicher überraschten die Franzosen in einem Angriff, nahmen die Kirche in Besitz und verschanzten sich darin. Es folgte ein Gegenangriff der Franzosen, von dem an einer Stelle im Mauerwerk eine französische Kanonenkugel zeugt. In der oberen rechten Ecke, etwas versteckt in der Mauer, kann man die Kugel erkennen, wenn man vor dem Eingang steht. Der historische Kirchhof mit einer Entstehungszeit vor dem Jahr 1000 ist der älteste Zürcher Friedhof, der noch immer belegt wird. Wir überqueren den Kirchhof und danach wählen wir bei der Kreuzung den Weg, der geradeaus geht, bis zur Witikonerstrasse, bei der wir rechts abbiegen.

Meyerhofscheune

7 WITIKON

Loorenkopfturm

Das zweite Haus ist die 7 **Meyerhofscheune.** Witikon hat trotz Eingemeindung seinen ländlichen Charakter behalten. Nur wenige Familien prägten das Bauerndorf, von denen einige Raritäten heute im Ortsmuseum in der denkmalgeschützten Meyerhofscheune zu besichtigen sind. Die Scheune bildet zusammen mit Fachwerkbauten den markanten Teil des Witiker Unterdorfs. Im Museum kann man sich in die Schlachten, die Witikon geprägt haben, vertiefen.

Von hier aus geht es links der Witikonerstrasse entlang wieder zurück zum Zentrum Witikon. Der Spaziergang lässt sich mit dem Besuch des Aussichtsturms Loorenkopf aber auch um etwa eine Stunde verlängern. Dafür gehen wir 50 Meter in derselben Richtung weiter, überqueren die Witikonerstrasse und biegen links in die Loorenstrasse. Dieser folgen wir nun immer geradeaus für 700 Meter bis zur Eschenhaustrasse, in die wir scharf nach rechts einbiegen. Nach 800 Metern gelangen wir zu einer Kreuzung im Wald und wählen dort die Katzentischstrasse, die obere der beiden Straßen, die beide geradeaus gehen. Nach 200 Metern gibt es wieder eine Kreuzung: Hier nehmen wir die obere der beiden Straßen, die nach links gehen, und spazieren die letzten paar Schritte bis zum 8 **Loorenkopfturm.** Der Aussichtsturm ist ein 33 Meter hoher Holzturm, bis zur obersten Plattform sind es anstrengende 153 Tritte. Oben angekommen, kann man sich auf Sitzbänken erholen. Belohnt wird man mit einem Panorama, das vom Glattal mit dem Greifensee über das Zürcher Oberland bis zum Säntis in der Ostschweiz reicht und weiter bis zum Zürichsee und den Zentralschweizeralpen mit Rigi und Pilatus. An Föhntagen kann man im Westen sogar die Berner Alpen mit Eiger, Mönch und Jungfrau ausmachen. Am Fuße des Turms gibt es ein paar gemütliche Feuerstellen mit einem Brunnen, Tischen und Bänken.

Dem Elefantenbach von Witikon bis zum Zürichsee folgen.

Wir gehen denselben Weg zurück, bis wir wieder an der Witikonerstrasse ankommen. Hier biegen wir nach rechts und folgen der Hauptstraße zurück zu unserem Startpunkt beim Zentrum Witikon.

8 SEEFELD

Start/Ziel: Bahnhof Tiefenbrunnen, 8008 Zürich
(GPS: 47.3501109, 8.5591558)
Länge: ca. 5,1 Kilometer
Dauer: ca. 2,5 Stunden
ÖPNV: Haltestelle Bahnhof Tiefenbrunnen, Tram 2, 4, Bus 33, S-Bahn S6, S16
Parken: Parking Mühle Tiefenbrunnen, Seefeldstrasse 219, 8008 Zürich

Unterwegs entdeckt:

1. Bahnhof Tiefenbrunnen
2. sBier
3. Quartierhof Wynegg
4. Botanischer Garten
5. Villa Patumbah
6. Hammam Basar + Salon
7. Anderswo Concept Store
8. Facettes
9. Heureka
10. Mühlerama

Essen + Trinken:

Mezze und andere orientalische Köstlichkeiten mit aromatischen Gewürzen und Kräutern aus dem Garten bekommt man im **Salon Hammam,** Mühlebachstrasse 157, 8008 Zürich, Tel. +41 (43) 382 90 60 (www.hammambasar.ch).

Loredana und Ciro führen seit einigen Jahren **La Trattoria Blumenau,** Seefeldstrasse 269, 8008 Zürich, Tel. +41 (44) 750 02 33 (https://trattoria-blumenau.ch) mit authentischer, italienischer Küche, wie die von Hand gemachte frische Pasta und das stadtbeste Tiramisù.

Architektur & Design

Das „Seefeld" mit seinem entspannten Flair ist offiziell nur derjenige Teil des Quartiers Riesbach, der zwischen See und Seefeldstrasse liegt, doch wird der Name im Volksmund für das gesamte Quartier verwendet. Es ist vor allem für seine gepflegte Promenade entlang des Zürichsees bekannt, dabei hat Riesbach noch sehr viel mehr zu bieten: Prachtvoll sind die Villa Patumbah mitten in ihrem zauberhaften Park und der Botanische Garten. Überraschend sind Entdeckungen wie der Bauernhof Wynegg, das stimmungsvolle Hammam oder der etwas versteckte Bierbraukeller.

Unser Spaziergang startet beim Bahnhof 1 **Tiefenbrunnen,** dem denkmalgeschützten, altehrwürdigen, 1892 erbauten Bahnhofsgebäude. Als Erstes nehmen wir die Bahnhofsunterführung, dann die Treppe rechts und gelangen so auf die andere Seite der Gleise, auf die Seefeldstrasse. Wir spazieren stadtauswärts, am schmucken Lokal „La Trattoria Blumenau" vorbei. In derselben Richtung geht es weiter, bis zur nächsten Ecke, dort wenden wir uns nach links in die Flühgasse, den Berg hinauf.

Bereits nach wenigen Metern erblicken wir die historische Scheune mit dem Schild 2 **„sBier",** die viel mehr in sich versteckt, als man ihr von außen ansieht. Samstags von 10.30 bis 12.30 Uhr ist der Innenhof belebt. Freunde, Nachbarn und Fans kommen zum Rampenverkauf und degustieren in guter Gesellschaft das frische, naturtrübe Bier. Das edle Gebräu wird von Chrigel, dem sympathischen Braumeister, aus besten Zutaten hergestellt. Nur Gerstenmalz, Hopfen, Hefe und reines Wasser aus dem Zürichsee kommen in den wunderschönen Gärtank aus Kupfer, so wie es das deutsche Reinheitsgebot schon vor 500 Jahren vorgab. Die Mikro-Brauerei stellt pro Jahr nur 200 Hektoliter her. Die Geschichte beginnt 1883, als Leopold Haas im Seefeld die Brauerei Haas eröffnete. Später wurde der Familienbetrieb aufgekauft und stillgelegt. Die neue Besitzerin, die Brauerei Hürlimann, hatte nie vorgehabt, das Haas-Bier weiter zu pro-

sBier

duzieren, sondern wollte den eigenen Marktanteil erhöhen und löschte aus diesem Grund die Konkurrenz aus. Danach war Hürlimann die letzte große Brauerei in Zürich, bis es ihr in den 1990er-Jahren genau gleich erging wie zuvor der Brauerei Haas und sie von Feldschlösschen aufgekauft und stillgelegt wurde. Urs Egger, der Enkel von Haas, entwickelte mit seinen Mitstreitern die Idee, im Seefeld wieder Bier zu produzieren. Vom Projektstart bis zum ersten Sud sollten allerdings noch Jahre vergehen. Die Gelegenheit ergab sich, als an der heutigen Stelle eine Versicherung das Gebäude eines Getränkehändlers übernahm, es abriss und neue Liegenschaften errichtete. Die neue Besitzerin wusste nichts anzufangen mit der unter Denkmalschutz stehenden Scheune, die früher zu

Eiche Erlöserkirche

einem Rebbaubetrieb gehört hatte. Und so ist der auf das 17. Jahrhundert zurückgehende Schuppen seit 2005 der Sitz von „sBier".

Weiter geht es die Flühgasse hinauf, bis wir zur Zollikerstrasse kommen und links abbiegen. Unser Weg führt durch das edle Gründerzeit-Villenquartier und gibt immer wieder den Blick frei auf den See und die Berge. Nach einigen Hundert Metern sehen wir links die Erlöserkirche. Bei ihr angekommen, bewundern wir nicht so sehr die Kirche selbst, sondern vielmehr die große hundertjährige Eiche, die vor dem Kirchenportal steht. Über 20 Meter hoch ragt sie mit ihrer stolzen Baumkrone von 18 Metern im Durchmesser in den Himmel. Noch ein kurzes Stück weiter auf der

Zollikerstrasse treffen wir rechts auf die Kartausstrasse, der wir den Berg hinauf folgen, bis sie an ihrem Ende in einen Spazierweg mündet. Wir gehen weiter und orientieren uns dabei an den Schildern zum 3 **„Quartierhof Wynegg".** Den letzten Bauernhof im Kreis 8 betreibt die Quartierbevölkerung auf eine sehr außergewöhnliche Art: Eine Gartengruppe bewirtschaftet nach Bio-Standards Gartenbeete, Früchte und einen Kräutergarten. Eine andere Gruppe kümmert sich um die drei Ponys und weitere Gruppen sind für die Schafherde, die Wollschweine, die Maultiere und die Hühner zuständig. Es gibt sogar eine, die Reben anbaut und Wein keltert, sowie die Most- und Schnapsgruppe. Der Hof bereichert das Quartierleben und ist ein sozialer und kultureller Treffpunkt für Familien und Naturfans.

Quartierhof Wynegg

Zurück am Eingang nehmen wir wieder die Weineggstrasse, diesmal bergab, und folgen dem Wanderweg, der links weg in den Burgweg mündet und uns bis zum Eingang des 4 **Botanischen Garten** bringt (Eintritt kostenlos). Wir nehmen uns Zeit und schlendern durch den wunderbaren Park zum Teich und genießen ausgiebig diese Oase, die unter anderem die ausgefallensten Wasserpflanzen beheimatet. Der Teich ist in die Liste der „Schützenswerten Gewässer des Kantons Zürich" aufgenommen worden. Der Grund sind die vielen Tiere, die hier vorkommen, von Ringelnattern über diverse Frosch- und Molcharten bis zu Libellen. Weiter geht

es zur Hauptattraktion, den futuristisch anmutenden Kuppeln der drei Tropenhäuser. Am wärmsten ist es im Tropischen Tieflandregenwald-Haus, das auch als „Grüne Hölle" bekannt ist. Mit den durchschnittlichen 26 Grad Celsius sommers wie winters ist es angenehm, den Shorea-Baum bis unters Dach zu besteigen und die grüne Pracht von oben zu bewundern. Immer wieder blühen hier die Kakaopflanzen, aus denen die Gärtner sogar schon Schokolade gemacht haben! Weiter geht es zum tropischen Trockengebietshaus. Kaum Niederschläge, sondern Hitze am Tag und Kälte in der Nacht sind typisch für sein Klima. In einer Schauvitrine

Botanischer Garten

Villa Patumbah

kann man sogar fleischliebende Karnivoren beobachten. Als Drittes folgt das Bergregenwald-Haus: Dort sorgen reichlich Niederschläge, Nebel und ausgeglichene Temperaturen dafür, dass Pflanzen kaum unter Klimastress leiden. Die Moose, Farne und Palmfarne verwandeln das Tropenhaus in ein Märchenland. Das Areal ist ein Labor für die Wissenschaft, eine Arche für bedrohte Pflanzenarten und eine grüne Oase inmitten der Stadt. Es gibt viele kostenlose Führungen, die auf der Webseite des Botanischen Gartens publiziert sind. Mit den Gewächshäusern im Rücken gehen wir nach links Richtung Wald, wenden uns bei der Gabelung nach rechts und nehmen den befestigten Weg den Wald hinauf, bis wir nach wenigen Metern scharf links abbiegen. Der mit Treppen versehene Weg führt zuerst hinauf und auf der anderen Seite wieder hinab zur Villa Rainhof. Das herrschaftliche Wohnhaus wurde 1867 im Stil einer repräsentativen Neurenaissance-Villa erbaut. Das einzigartige Bauwerk gehört heute, wie der gesamte Botanische Garten, zur ETH. An der Villa vorbei, spazieren wir weiter bergab, bis zur Zollikerstrasse.

Schon nach wenigen Metern nach rechts stehen wir vor einer Traumvilla, der 5 **Villa Patumbah,** die heute das Heimatschutzmuseum beherbergt. Patumbah heißt so viel wie „ersehntes Land" und erinnert an die Geschichte des Tabakpflanzers und Sumatra-Heimkehrers Carl Fürchtegott Grob. Er gehörte zu einer Reihe von Schweizern, die in der zweiten Hälfte des 19. Jahrhunderts nach Südostasien reisten, um ihr Glück zu machen. Auf Sumatra, das damals zu Niederländisch-Indien gehörte, erlangte Grob mit dem Betrieb von Tabakplantagen großen Reichtum. Durch das Tor gelangt man in einen Vorraum – nach rechts geht's in die Villa und geradeaus in den Park. Überwältigt wird man im Inneren des prächtigen Kolonialhauses von der Baukultur vergangener Zeiten, die mit verspielten, ja fast verliebten Details überrascht: reiche Wand- und Deckenmalereien, verzierte und verschnörkelte Holzarbeiten, kunstvolle Glasfenster, soweit das Auge reicht. Das Architekturbüro Chiodera und Tschudy kombinierte Elemente aus der Renaissance, aus dem Rokoko und aus der asiatischen Kunst zu einem opulenten Gesamtkunstwerk. So müssen die Götter gelebt haben …! Damit sich möglichst viele Menschen an der Gestaltung unseres Lebensraumes beteiligen, für ihn Sorge tragen und ihn nachhaltig weiterentwickeln, braucht es baukulturelle Bildung. Diese Aufgabe nimmt der Schweizer Heimatschutz wahr, indem er die Villa öffentlich zugängig macht und Besuchern einen Eindruck gibt, wie feudal das Leben im 19. Jahrhundert sein konnte. Grobs Erben verschenkten die Villa, eine der teuersten Privatbauten Zürichs, an ein Diakoniewerk, das dort über Jahrzehnte ein Altersheim betrieb. Als Abbruchpläne im Gespräch waren, kaufte die Stadt Zürich das Anwesen auf. Seit ein paar Jahren gehört es einer Stiftung und wird dem Schweizer Heimatschutz vermietet.

Mit der Theatertour der Villa Patumbah in die koloniale Vergangenheit Europas reisen.

Patumbah Park

Hammam Basar + Salon

Der wunderbare Patumbah-Park, im Stil eines englischen Landschaftsgartens geformt, ist jederzeit offen und der Besuch, im Unterschied zur Villa, kostenlos: Der Weg dorthin führt durch die offene Glastür des Anbaus, der die Villa Patumbah mit dem angrenzenden Haus verbindet, oder um die Villa herum. Der Park wurde vor Jahrzehnten wieder in den ursprünglichen Originalzustand von 1891 gebracht.

Den Park verlassen wir am linken unteren Ende über die Mühlebachstrasse, biegen rechts ab und gehen in die Richtung der ökologisch gestalteten maghrebinischen Überbauung. Einer der ersten Eingänge führt zum 6 **Hammam Basar + Salon.** Abseits des hektischen Alltags lädt der Hammam-Rundgang zur Entspannung und Reinigung ein. Empfangen wird man mit leiser Musik, gedämpftem Licht und einem herzlichen Lächeln, egal ob man sich nur im Shop bei den handgewebten Badetextilien, den feinen Seifen, der Naturkosmetik, den Laternen, Leuchten und kleinen Kunsthandwerken umschaut oder sich für den Rundgang oder eine wohltuende Behandlung einschreibt. Im Salon kann man sich mit mediterran-maghrebinischen Spezialitäten wie Mezze, Hummus, Taboulé und anderen Köstlichkeiten verwöhnen lassen, die alle marktfrisch zubereitet werden.

Zurück auf der Mühlebachstrasse gehen wir in dieselbe Richtung stadteinwärts weiter bis zur nächsten Straße links, der Rudolfstrasse. An deren Ende wenden wir uns wieder nach links in die Wildbachstrasse, allerdings nur bis zur Nummer 17, zu Jacqueline und Karin und dem 7 **Anderswo Concept Store.** Wie bereits der Name verrät, findet man im Anderswo Kleider, Accessoires und Keramik, die einzigartig sind. Die Kreationen stammen nicht nur von internationalen Designern und Bloggern, sondern auch von jungen Schweizer Modeschöpfern: qualitativ hochwertige Kaschmirpullover, Blusen aus Seide, Schmuck und verspielte Lifestyle-Gadgets ergänzen den Stil des Concept Stores.

Anderswo Concept Store

Wir gehen zurück zur Ecke Wildbach-/Hornbachstrasse, von der wir gekommen sind, und biegen links in die Hornbachstrasse, aber wieder nur wenige Meter, bis zu 8 **Facettes.** Der Stoffladen ist ein Paradies für Schneiderinnen und Schneider sowie für alle anderen Nähbegeisterten. Man staunt über all die Materialien, Farben und Strukturen – aber Achtung: Stoffe müssen gefühlt werden! Von Hand bedruckte Stoffe aus dem Glarnerland, flauschiger Strick und hochwertige Jerseystoffe gibt es nur in kleinen Mengen. Wer sich für einen Stoff entschieden hat, kann auch gleich das Schnittmuster für eine Jacke, ein Kleid oder die Badehose miterwerben, um das Projekt daheim in Angriff zu nehmen.

Facettes

Das Konzept sind Stoffe in guten Qualitäten und hauseigen entworfene Schnittmuster für die dehnbaren Stoffe. Jana und Ariane, die beiden Inhaberinnen von Facettes, entwerfen jedes Jahr drei bis vier einfach zu nähende Schnittmuster. Einige der Modelle liegen im Laden zur Anprobe bereit. Jana und Ariane arbeiten auch mit ausgewählten Schneiderinnen zusammen und vermitteln Nähkurse, sodass alle dieses wunderbare Handwerk erlernen können.

Anschließend gehen wir am Werenbach entlang die Hornbachstrasse hinunter, immer geradeaus, bis wir die Bellerivestrasse überquert haben. Wir folgen dem Werenbach weiter, bis an die Stelle, an der er in den See mündet. Auf den letzten Metern vor dem See erblicken wir rechts 9 **Heureka,** die kinetische Großplastik des Schweizer Metallkünstlers Jean Tinguely. Aus Eisenstangen, Stahlrädern, Metallpfannen und Rohren hat er dieses Kunstwerk als seine erste öffentliche Arbeit 1964 für die Landesausstellung in Lausanne geschaffen. Der Titel „Heureka", altgriechisch für „ich hab's gefunden!", ist dabei ironisch zu verstehen, denn die Plastik ist eine Maschine ohne Zweck. Tinguelys „Leerlaufmaschinen" sind weltweit als Allegorien auf die Konsum-

Heureka

und Industriegesellschaft zu verstehen, die sich in hektischer Betriebsamkeit erschöpft und doch im Absurden endet. Die Skulptur kann man von April bis Oktober täglich um 11, 15 und 19 Uhr für acht Minuten in Aktion erleben.

Am See angekommen, wenden wir uns nach links und gehen am Seebecken entlang, bis der Spazierweg wieder auf der Bellerivestrasse endet. Kurz vor dem Bahnhof Tiefenbrunnen nehmen wir links die Ida-Bindschedler-Strasse und dann gleich die erste wieder rechts, die Seefeldstrasse (beim Eisenbahnübergang). Nach wenigen Schritten stehen wir vor dem geschichtsträchtigen ⑩ **Mühlerama,** der Mühle Tiefenbrunnen. Gebaut in den Jahren 1889/90 durch „Feldschlösschen" wurde auch diese Brauerei 23 Jahre später von einem Konkurrenten aufgekauft und stillgelegt. Die Familie Wehrli kaufte das Grundstück auf und ließ eine große Mühle mit elektrischem Antrieb einbauen. Heute ist das Mühlerama ein lebendiges, erlebnisreiches und eindrucksvolles Museum, in dem man die Geschichte mit allen Sinnen erleben und mit etwas Glück einem Müller oder einer Müllerin bei der traditionsreichen Arbeit zuschauen kann.

Wieder an der frischen Luft, gehen wir nach links bis zur Unterführung und zurück zum Ausgangspunkt, dem Bahnhof Tiefenbrunnen.

9 ALBISRIEDEN & ALTSTETTEN

Start/Ziel: Haltestelle Freihofstrasse, 8048 Zürich
(GPS: 47.3851777, 8.4987261)
Länge: 4,8 oder 5,5 Kilometer
Dauer: 2 bis 2,5 Stunden
ÖPNV: Haltestelle Freihofstrasse, Tram 2
Parken: VBZ Parkhaus Altstetten, Luggwegstrasse 65, 8048 Zürich

Unterwegs entdeckt:

1. Café Hubertus
2. Stadtgärtnerei
3. BachserMärt
4. OIZ
5. Turicum Distillery
6. Freilager
7. Alpomat
8. Parkhaus Altstetten
9. TurbinenBräu

Essen + Trinken:

Vor oder nach der Tour ist es ein kurzes Stück bis ins Zentrum von Altstetten, wo man dem Spaziergang in der **Krone,** Badenerstrasse 705, 8048 Zürich, Tel. +41 (44) 211 33 88, (www.krone-altstetten.ch) ein Krönchen aufsetzen kann. Im wunderschönen alten, von der Stiftung Arbeitskette betriebenen Lokal, wo Leute auf den Arbeitsmarkt vorbereitet werden, herrscht eine besonders herzliche Atmosphäre.

Umgeben von urban-industriellem Charme kann man im **Turbinenbräu Restaurant & Bar,** Badenerstrasse 571, 8048 Zürich, Tel. +41 (43) 311 57 67, direkt in die Brauerei blicken und bei der Produktion des Gerstensafts zuschauen.

Netto-Null in eine bessere Welt

Der rot-grüne Stadtrat hat hohe Ziele vorgegeben: Bis 2040 wollen die Zürcher klimaneutral werden und die Treibhausgasemissionen auf Stadtgebiet auf netto-null senken. Bereits bis 2030 soll eine Reduktion von mindestens 50 Prozent gegenüber 1990 erreicht werden. Auf diesem Spaziergang lernen wir einige Vorreiter kennen, die auf das Ziel hinarbeiten, wie zum Beispiel die Informatikabteilung der Stadt, die mit der Abwärme ihrer Server das Quartier beheizt, oder die Stadtgärtnerei, deren Pflanzen und Bäume Kohlendioxid in feinen Sauerstoff umwandeln.

Netto-Null bedeutet, dass unter dem Strich keine Treibhausgase mehr produziert werden. Dazu ist es nötig, die CO_2-Emissionen zuerst massiv zu reduzieren. Erreicht wird dieses Ziel durch Veränderungen in der Mobilität, bei Gebäuden und im Konsumverhalten. Es bedingt, dass wir die Energie aus erneuerbaren Quellen gewinnen und einen nachhaltigen Lebensstil praktizieren. Die Stadtzürcher unterbieten mit ihrem Klimaziel den Bund, der bis ins Jahr 2050 netto gar kein CO_2 mehr ausstoßen will.

Diesen Spaziergang starten wir an der Haltestelle Freihofstrasse. Zunächst gehen wir Richtung Stadt auf der Badenerstrasse, vorbei am Leichtathletik- und Fussballstadion Letzigrund bis zum FC-Zürich-Platz, wo wir rechts in den Letzigraben einbiegen. Vor uns sehen wir die beiden Y-förmigen ältesten Wohnhochhäuser der Stadt. Die Letzigraben-Hochhäuser, die zur Siedlung Heiligfeld gehören, entstanden in den Nachkriegsjahren. Wir spazieren den Letzigraben entlang, vorbei am Freibad Letzigraben, das vom berühmten Schriftsteller und Architekten Max Frisch gestaltet wurde. Nach 500 Metern erreichen wir das ❶ **Café Hubertus.** Das frühere Bierlokal mit Kultstatus hat sich inzwischen zum gemütlichen Quartiertreffpunkt entwickelt. Die schlichte Einrichtung mit dem familiären Charme lässt Platz

Mitfiebern im Letzigrund bei einem Fußballspiel von FC Zürich und Grasshoppers.

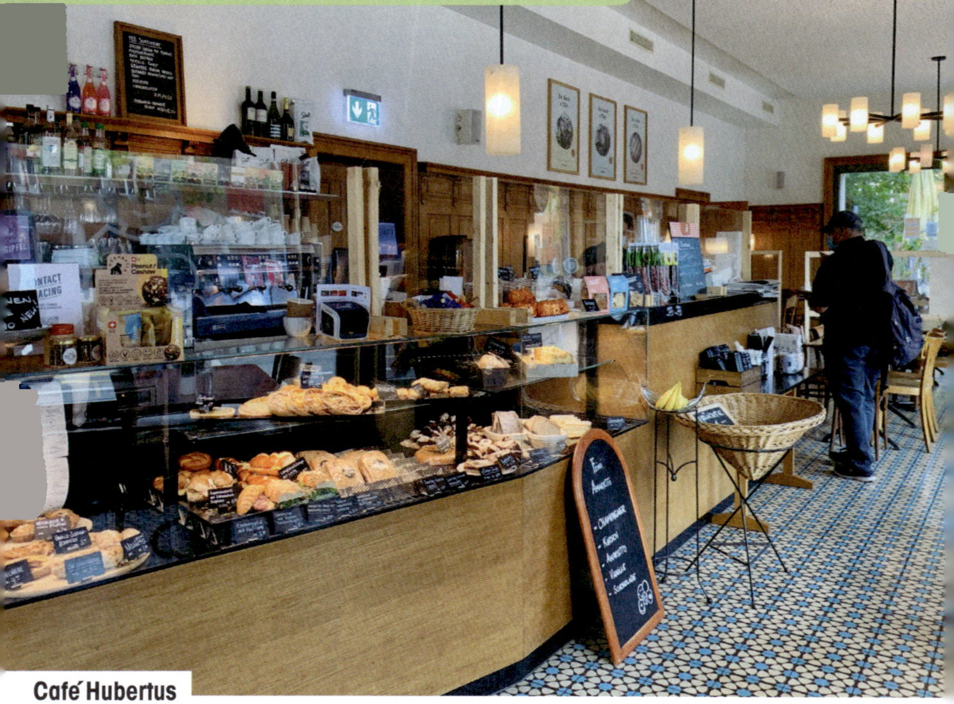

Cafe' Hubertus

zum Sein. Im gut besuchten Café kann man den ganzen Tag frühstücken und auf der Terrasse unter den großen Bäumen die Alltagssorgen vergessen. Geführt wird das Lokal von der Bäckerei Buchmann, einem traditionsreichen Zürcher Familienbetrieb. Dank Handarbeit, langer Teigruhe und lokalen Rohstoffen schmeckt vom Schoggibrötli bis zur Spinatwähe alles sensationell. Das Highlight sonntags zum Brunch ist der goldene Zopf.

Aus dem Lokal kommend, wenden wir uns nach links, überqueren die Albisriederstrasse und biegen leicht nach links in die Gutstrasse. Mittwochs steht an dieser Ecke das Blumenvelo der Floristin Sibylle Kienast mit wunderschönen Schnittblumen und kleinen Pflanzen für drinnen und draußen, wenn möglich aus der Region. Wir gehen in derselben Richtung weiter – nach wenigen Metern auf der Gutstrasse stehen wir bereits an der Ecke der Stadtgärtnerei. Um in den Park zu gelangen, nehmen wir den Eingang „Hubertus" an der Gutstrasse und durchqueren den Park der 2 **Stadtgärtnerei.** Auf unserem Weg zum Palmenhaus gehen wir immer geradeaus, am Schaugarten und Sandgarten vorbei. Die Luft, die wir atmen, besteht zu etwa einem Fünftel aus Sauerstoff. Fast der gesamte Sauerstoff in der Luft wird von Pflanzen durch die Fotosynthese hergestellt. Den Sauerstoff, den die Pflanze nicht braucht, gibt sie an ihre Umgebung ab. Eine große Buche zum Beispiel produziert in einer Stunde etwa so viel Sauerstoff wie 50 Menschen in derselben Zeit zum Atmen benötigen. Die von Grün Stadt Zürich betriebene Stadtgärtnerei fördert das Verständnis für die Natur und eine nachhaltige Entwicklung. Der 365 Tage im Jahr geöffnete Park, das Palmen-, Tropen- und Subtropenhaus als exotische Oasen inmitten der Stadt, laden mit ihrer üppigen Vielfalt zu tropischen Spaziergängen

9 ALBISRIEDEN & ALTSTETTEN

Stadtgärtnerei

BachserMärt

ein. Zudem will man die Bevölkerung für Dach- und Vertikalbegrünungen gewinnen. In zunehmend verdichteten Innenstädten sehen diese nicht nur schön aus, sondern erhöhen auch den Anteil an Grünflächen, ohne viel Bodenfläche zu beanspruchen. Dank den auf dem Dach oder an Wänden entlangwachsenden Pflanzen kann im Sommer Kühlenergie eingespart und im Winter der Wärmeverlust reduziert werden. Die Begrünungen bieten ganz nebenbei auch Schutz, Schlafmöglichkeiten, Nahrung und Brutplätze für Tiere.

Wir verlassen die Stadtgärtnerei durch den, unserem Eingang quer gegenüberliegenden Ausgang „Fellenbergstrasse". Wir gehen nach links die Straße Sackzelg entlang und nach 100 Metern, bei der nächsten Ecke rechts, in den Langhagweg, bis wir nach zwei Blocks vor dem kleinen Lebensmittelgeschäft 3 **BachserMärt** stehen. Im BachserMärt findet man richtig gute Lebensmittel, regional und nachhaltig produziert, möglichst direkt ab Hof. Das frische Gemüse, die reif geernteten Früchte und Beeren sowie die handwerklich verarbeiteten Brote stammen von lokalen Kleinproduzenten. Joghurt und Quark werden aus Gras- und Heumilch hergestellt. Zeit ist der neue Luxus. Eine bodenschonende und kulinarisch hochwertige Lebensmittelproduktion braucht sehr viele Hände und unzählige Arbeitsstunden. In diesem sympathischen kleinen Laden nehmen sich die Mitarbeitenden Zeit für ihre Kunden. Einkaufen geht hier nicht so schnell wie an anderen Orten, dafür wird man persönlich bedient und auch ein Schwatz ist drin.

Ein paar Schritte gehen wir zurück in die Richtung, aus der wir gekommen sind, bis wir links in den Holzwiesweg einbiegen. Am Ende des Weges sind wir wieder auf der Albisriederstrasse, gehen links um das Gebäude herum und gleich nach dem Gebäude wieder links, um in den Innenhof des 4 **OIZ,** des Organisations- und Informatik-Kompetenz-

OIZ Organisation und Informatik

Freilager Marktgasse

Weinhandlung Les Vignes

zentrums der Stadt Zürich zu gelangen. Die Informatikabteilung ist das Nervenzentrum der städtischen Verwaltung und betreibt in zwei Rechenzentren etwa 8000 Server. 2012 eröffnete die Stadt den neuen Hauptstandort Albis, das Herzstück und eines der modernsten, sichersten und energieeffizientesten Rechenzentren Europas. Albis ist als „Green Data Center" konzipiert. Mit der Abwärme, die durch die permanente Kühlung der Server anfällt, wird heute die Wärmeversorgung für rund 400 Wohnungen sichergestellt.

Wir nehmen, zurück auf der Straße, die Spiserstrasse nach links, bis wir wieder auf der Albisriederstrasse sind und gehen links in den Innenhof der Nummer 253. Hier wird in der 5 **Turicum Distillery** der hochdotierte und mit Medaillen ausgezeichnete Turicum London Dry Gin mit Blüten von Bäumen des Lindenhofs, Tannenspitzen aus Zürich und handverlesenen Kräutern gebrannt. Bei einem Besuch des GinLabs kann man seinen eigenen Gin herstellen.

Zurück auf der Albisriederstrasse, gehen wir wieder links, überqueren die Straße und spazieren die erste wieder rechts in die Freilagerstrasse. Wir überqueren die Flurstrasse, gehen geradeaus weiter und kommen in den Innenhof der vierteiligen Siedlung 6 **Freilager.**

Bereits heute sind rund 30 Prozent des städtischen Siedlungsgebiets durch „Wärme Zürich" erschlossen. Die Wärme wird vom See gewonnen, von Serverfarmen, durch die Kehrichtverbrennung, aus dem gereinigten Abwasser der Klärwerke, aus der Klärschlammverwertung und aus Photovoltaik-Anlagen. Bis zum Jahr 2040 sollen 60 Prozent des städtischen Siedlungsgebiets mit fossilfreier Wärme erschlossen sein. Das Zürcher Freilager beweist eindrücklich, wie eine Siedlung im Umgang mit Ressourcen nachhaltig gebaut und betrieben werden kann. Im Areal mit seinen knapp 800 Mietwohnungen und 200 Studentenzimmern wohnen und arbeiten rund 2500 Menschen. Bereits während der Bauphase wurde das Augenmerk auf die Ökologie und Biodiversität gelegt: Das Aushubmaterial wurde per Bahn abtransportiert und auf dem Areal wurden 12.600 Hainbuchen und 540 Bäume gepflanzt. Dass das Areal gut an den öffentlichen Verkehr

Alpomat

angeschlossen ist, ist selbstverständlich. In der Siedlung gibt es alles, was es zum Leben braucht: Arztpraxen, Kinderkrippe und Kindergarten und eine Privatschule, Lebensmittelgeschäfte, Yoga-, Tanz- und Kung-Fu-Schulen, Restaurants und Cafés. Die Namen „Freilager" und „Zollfrei" findet man in der Geschichte. Wo heute die Vorzeigesiedlung steht, entstand nämlich 1923 eine Lagerfläche und das Areal wurde zolltechnisch zum Ausland erklärt, damit Waren dort unverzollt eingelagert werden konnten. In der Marktgasse, zu unserer Linken, gibt es interessante Quartierläden, zum Beispiel das Zollfrei – Zero Waste Ladencafé. Unverpacktes, plastikfreies Einkaufen von sorgfältig ausgesuchten Lebensmitteln in Bioqualität ist ein Erlebnis, das man bald nicht mehr missen möchte. Auch in der Weinhandlung Les Vignes wird die Nachhaltigkeit großgeschrieben: Die meisten der europäischen Weine stammen aus einer biologischen oder gar bio-dynamischen Produktion.

Wir schlendern, die Marktgasse im Rücken, geradeaus durch das ehemalige Zollfreilager in Richtung der drei Rautitürme und peilen die Rautistrasse an. Da angekommen, gehen wir am besetzten Koch-Areal vorbei und dann links in die Flüelastrasse. Nach einem Block drehen wir rechts in die Anemonenstrasse und zwischen dem roten und dem grünen Gebäude stechen wir links in die Fussgängerpassage. Fast am Ende der Siedlung, nach 120 Metern, stehen wir beim Eingang der Nummer 25 vor dem 7 **Alpomat,** dem kleinsten Hofladen der Stadt. Bauernfamilien können mittels der zahlreichen Selbstbedienungsautomaten in der ganzen Stadt ihre Produkte ohne Zwischenhandel verkaufen. Die hochwertigen, regionalen Hof- und Alpprodukte stammen aus einer umwelt-

und tierfreundlichen Produktion. Nun geht es etwa 30 Meter zurück, dann rechts, zwischen den Häusern durch, Richtung Flüelastrasse. Im schönen Backsteingebäude erblickt man die Boulder-Halle mit der Restaurant-Bar Minimum und der vielversprechenden Terrasse unter den Bäumen.

Nach einer wohlverdienten Stärkung geht es kurz links weiter auf der Flüelastrasse und dann gleich wieder rechts, den kleinen Weg Richtung Flurstrasse entlang, welche uns zum Geburtsort der hübschen WC-Häuschen mit dem Herz in der Tür führt. Sogar beim Gang zum WC kann man beitragen zu einer besseren Welt. In der Luxustoilette „Made in Switzerland" von Kompotoi wird der Human-Output zum Rohstoff. Exkremente enthalten viele Nährstoffe, sind wertvoll für die Umwelt und können zu neuem Wachstum beitragen. Die festen Bestandteile des Human-Outputs werden zu Kompost und der Urin zu Stickstoffdünger. Durch die Kompostierung werden der Nährstoffkreislauf geschlossen und die Ressourcen geschont. Man sitzt in einem Holzhäuschen auf einer WC-Brille aus Bambus und nutzt recyceltes WC-Papier. Anstatt der Spülung mit einer Chemielösung gibt man Hobelspäne ins Klo. So errichtet man einen Sichtschutz und erreicht eine Geruchsneutralisierung. Das ansprechende Außen- und durchdachte Innendesign hebt das hübsche stille Örtchen von anderen Toiletten ab und garantiert eine komfortable Aufenthaltszeit.

Kompotoi

Die Idee für eine Komposttoiletten-Vermietung entstand bereits 2008 im Kopf von Jojo Linder. Vier Jahre später bau-

9 ALBISRIEDEN & ALTSTETTEN

Parkhaus Altstetten

ten er und seine Mitstreiter einen ersten Prototyp. Die Kunden waren überglücklich, nicht mehr auf eine Plastik-Chemie-Toilette zu müssen. Die drei Freunde gründeten den Verein Kompotoi und entwickelten und verbesserten ihre Idee immer weiter. Heute ist ein Event mit Kompotoi-Häuschen ein Zeichen dafür, dass den Veranstaltern Qualität wichtig ist und sie einen Beitrag zum Umweltschutz leisten.

Wir behalten die Richtung bei und gehen weiter bis zur Flurstrasse, dann nach rechts, bis wir zurück sind auf der Badenerstrasse. Dort angekommen, geht es 400 Meter nach rechts zurück zum Ausgangspunkt. Wer stattdessen noch einen sehr speziellen Aussichtspunkt entdecken möchte, macht einen Abstecher nach links ins Parkhaus Altstetten. Der Weg führt bis zur nächsten großen Kreuzung an der Luggwegstrasse, wo man linker Hand das 8 **Parkhaus Altstetten** bereits sieht. Die erste offizielle Park + Ride-Anlage wurde 1955 in Chicago eingerichtet. Seit 1976 besitzt Zürich das Parkhaus der Verkehrsbetriebe der Stadt Zürich in Altstetten, das den Pendlern das bequeme Umsteigen vom Auto in den öffentlichen Nahverkehr ermöglicht. Als Spaziergänger „recyceln" wir das Parkhaus und machen es zu einem Aussichtsturm. Dafür nimmt man beim Eingang den Lift oder geht zu Fuß bis in den obersten Stock. Auf dem offenen Parkdeck angekommen, genießt man eine wunderbare Aussicht über Altstetten und Albisrieden und das ganze Limmattal inklusive Uetliberg, Waid- und Hönggerberg.

Das bepflanzte Dach der Tramhaltestelle Albisriederplatz verbessert Mikroklima und Biodiversität.

Zurück auf der Badenerstrasse gehen wir stadteinwärts, Richtung Ausgangspunkt und kommen auf der Hälfte des Weges zur Produktion des 9 **TurbinenBräu,** der größten Bierbrauerei des Kantons Zürich. Dank kurzer Vertriebswege kommt das Stadtbier ohne Pasteurisation und Konservierungsmittel aus. Als 1996 nach über 100 Jahren Hürlimann als letzte Brauerei Zürichs seine Türen schloss, begannen drei Zürcher selbst Bier zu brauen, um den Niedergang der Bierkultur zu verhindern.

Nun sind es nur noch wenige Schritte zurück zur Haltestelle Freihofstrasse, wo unsere Reise begann.

10 HÖNGG

Start/Ziel: Meierhofplatz, 8049 Zürich
(GPS: 47.4015124, 8.4992034)
Länge: ca. 3,4 Kilometer
Dauer: ca. 2 Stunden
ÖPNV: Haltestelle Meierhofplatz, Tram 13, Bus 46
Parken: Tiefgarage im Brühl, Regensdorferstrasse 20, 8049 Zürich

Unterwegs entdeckt:

1. Meierhof
2. Rebberg Chillesteig
3. Werdinsel
4. Rebberg Hohenklingen
5. Bravo Ravioli & Delikatessen
6. Röstlabor
7. Zweifel 1898 Weinbeiz
8. Kapitel 10
9. Sibesinn Schenkbar

Essen + Trinken:

Den besten Kaffee der Stadt trinkt man im **Kapitel 10,** Limmattalstrasse 197, 8049 Zürich, Tel. +41 (44) 544 20 08 (www.kapitel10.ch). Der Transportweg von der Rösterei beträgt 100 Meter, frischer geht's nicht. Die Adresse ist bisher noch ein Geheimtipp.

Vorzüglich isst man im **Hönggerhof,** Am Wasser 161, 8049 Zürich, Tel. +41 (44) 296 13 13 (www.hoenggerhof.ch), mit Sicht auf die Limmat, nur einen Steinwurf von der Route entfernt.

Die Liebe zum Wein und den feinen Sachen

Höngg kam erst 1934 in der zweiten Eingemeindungsrunde zur Stadt Zürich. Im Mittelalter war ein Teil Hönggs im Besitz mehrerer Klöster. Die Bauern bewirtschafteten das Land und bezahlten als Miete den „Zehnten", einen Zehntel ihrer Ernte, an den Grundbesitzer, unter anderem an das Chorherrenstift Grossmünster. Der Meier verwaltete das Grundeigentum und zog die Abgaben im Namen des Grossmünsters an seinem Sitz, im Meierhof, ein.

Der Höngger ❶ **Meierhof** wurde 1521 – vermutlich am selben Ort wie der Vorgängerbau – am damaligen Dorfrand neu erbaut. Teile des Riegelwerks mit Fußhölzern als Zeugen dieser Bauphase sind an der straßenseitigen Fassade noch heute zu sehen. 1561 wurde dem Bau ein separates Trottgebäude für die als Zehnten abgelieferten Trauben angefügt, in welchem vom Grossmünster-Stift noch bis zur Zehnten-Ablösung gekeltert wurde. 1688 verkaufte das Grossmünster den Hof an den letzten Meier. 1943 ging das Haus an die Stadt Zürich über, welche es 1984/85 umfassend renovierte. Das noch vorhandene Riegelwerk im zweiten Obergeschoss – das Pendant im ersten Obergeschoss war schon früher durch Mauerwerk ersetzt worden – wurde wieder sichtbar gemacht und rot bemalt.

Meierhof-Trottgebäude

Wir starten den Spaziergang, indem wir von der Straße weg über den Parkplatz zwischen dem alten Trottgebäude und dem neueren Rebstock-Gebäude den kleinen Weg hinunter nehmen. Auf der Ackersteinstrasse angekommen, wenden wir uns nach rechts, um auf dem ersten kleinen Weg, dem Chillesteig, wieder links abzubiegen. Der Steig führt über die Bauherrenstrasse und dann als gepflasterter Weg am Eingangsportal des Friedhofs vorbei. Wir nehmen

10 HÖNGG

Rebberg Chillesteig

den nächsten Abzweig rechts, welcher uns auf eine Panoramaterrasse bringt, von wo aus wir eine wunderbare Aussicht auf das ganze Limmattal vom prominentesten Rebberg in Höngg genießen. Der ② **Rebberg Chillesteig** bildet mit der Reformierten Kirche eine Einheit und ist vom Limmattal und von der Europabrücke aus schon von Weitem sichtbar. In die Schweiz kam der Wein mit den Römern, vor etwa 2000 Jahren. Damit diese den Wein in den schweren Amphoren nicht den weiten Weg transportieren mussten, brachten sie stattdessen die Rebstöcke aus ihrer Heimat mit. Die Weine, die aus diesen Rebstöcken gewonnen wurden, waren viel frischer und vielfältiger im Geschmack als ihre Vorgänger aus der römischen Heimat.

Im Mittelalter pflegten besonders die Klöster den Weinbau. Zu dieser Zeit war Wein das Volksgetränk Nummer eins. Jahrhundertelang wurde hier Wein angebaut – bis drei Katastrophen den europäischen Weinbau insgesamt um 75 Prozent reduzierten. Zuerst richtete der Mehltau große Schäden an, die jedoch in weniger als einer Dekade wieder unter Kontrolle gebracht werden konnten. Dies sollte jedoch nur ein kleiner Vorgeschmack auf die viel schlimmere Reblausplage sein. Ab Mitte des 19. Jahrhunderts war es dank der Erfindung des Dampfmotors möglich, lange Seereisen in viel kürzerer Zeit zurückzulegen. Gleichzeitig galt Botanik als ein schickes Hobby und viele Wissenschaftler und Amateur-Botaniker nutzten die neuen Transportmöglichkeiten, um in die Neue Welt zu reisen und mit vielen verschiedenen Pflanzenproben wieder zurück nach Europa zu kommen. So gelangten aus Nordamerika neue Rebsorten nach Europa – inklusive der Reblaus. Es dauerte Jahre oder sogar Jahrzehnte, bis man die Laus Phylloxera, den Zerstörer der Reben, entdeckte und eine

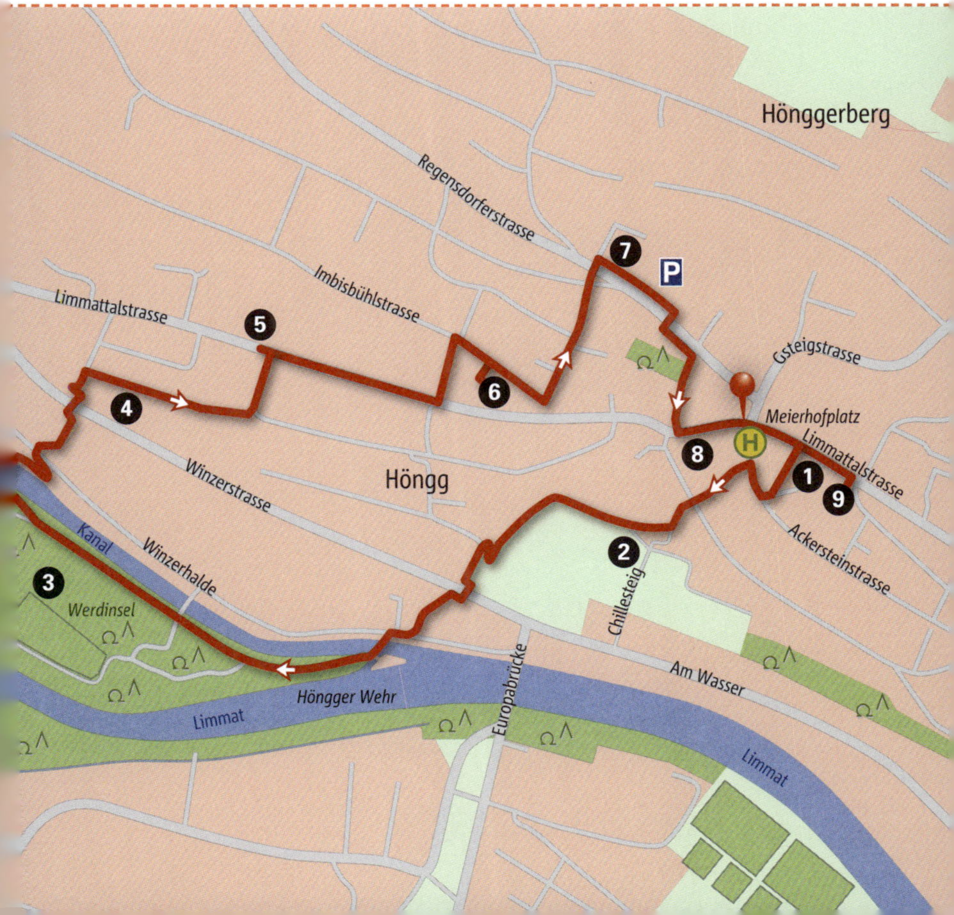

Werdinsel

Lösung fand. Bis heute sind in Europa alle Reben aufgepfropft auf amerikanische Wurzelstöcke, welche gegen die Reblaus immun sind. Erschwerend kam hinzu, dass kurz darauf eine dritte Plage die europäischen Weinberge heimsuchte. Mit den amerikanischen Rebstöcken wurde ironischerweise ein neuer Mehltau eingeschleppt, der ebenfalls große Schäden anrichtete. Das Mehltauproblem war zwar recht schnell gebannt, aber der katastrophale Schaden durch diese drei Schädlingswellen war bereits angerichtet. In gerade einmal 30 Jahren waren zwei Drittel der europäischen Weinberge zerstört worden. Auch in Höngg wurden in dieser Zeit fast alle Reblagen vollständig aufgegeben. 1942 wurden die letzten Rebstöcke am Höngger Chillehügel gerodet. Dass sich der Hang beim Chillesteig auch heute noch als geschlossener Rebberg präsentiert, ist Paul Zweifel, dem Gemeindepräsidenten der bis 1934 unabhängigen Vorortsgemeinde Höngg zu verdanken. Er hatte veranlasst, dass die vielen kleinen, oft ungepflegten Parzellen nach und nach aufgekauft wurden. Erst 1968 wurde der prominente Rebberg am Chillesteig auf Initiative von Heinrich Zweifel (Zweifel Weine) als erste der Höngger Reblagen wieder mit Reben bestockt. Der Rebberg gehört der Stadt Zürich und wird vom städtischen Bauernhof „Juchhof" gepflegt. Jedes Jahr wird von den Reben hier der „Zürcher Stadtwein" gekeltert.

Eine Patenschaft für die Rebstöcke am Chillesteig wird jährlich mit einer Flasche vom „eigenen" Wein belohnt.

Wir spazieren entlang der Panoramaterrasse und erfreuen uns an dem Weitblick von den Alpen bis ins Limmattal und über die Europabrücke. Am Ende der Terrasse nehmen wir den Weg nach links den Hügel hinunter an den Reben entlang, bis ein kleiner Kiesweg rechts abgeht und dann gleich wieder links auf die Straße Am Wettingertobel führt. Wir gehen weiter hinunter, bis wir die Winzerstrasse überqueren, dann ein kleines Stück nach rechts und dann wieder nach links in die Winzerhalde, der wir bis an die Limmat folgen. Dort angekommen, wenden wir uns nach rechts und überqueren auf der Brücke den Kanal. Dann nehmen wir den Weg rechts durch die Barriere auf die ③ **Werdinsel.** Im Sommer ist die Insel inmitten der Limmat ein beliebtes

Rebberg Hohenklingen

Badeparadies. Der Eintritt ist kostenlos und trotzdem gibt es hier alle Annehmlichkeiten, die man in einem Schwimmbad erwartet: Umziehkabinen, Toiletten und Kiosk. Das Gebäude mit den Kabinen war 1817 die Spinnerei Strickler, Hönggs erste Fabrik. Schwimmen kann man im Kanal unter Aufsicht von Bademeistern oder auf der anderen Seite der Insel ohne Aufsicht. Da der Wasserspiegel über das Hönngger Wehr kontrolliert wird, ist es theoretisch möglich, dass in der unbeaufsichtigten Flusshälfte das Wasser innerhalb von Minuten mehrere Meter steigt, deshalb sollte dieser Teil der Limmat nur von guten Schwimmern mit der gebotenen Vorsicht benutzt werden. Von Mai bis September, bei schönem Wetter und angenehmen Temperaturen, ist auch der Kiosk mit seinen hausgemachten Salaten, Kuchen und dem täglich wechselnden Mittagsmenü geöffnet. In den Planschbecken daneben vergnügen sich die Jüngsten. Alle zwei Jahre findet auf der Insel das kleine, sympathische „Werdinsel Openair" statt.

Wir spazieren auf der Werdinsel am Wasser entlang, an der ersten Brücke vorbei geradeaus weiter bis zum Kraftwerk. Hinter diesem führt rechts eine Brücke über den Kanal, die uns wieder aufs Festland bringt. Dort angekommen, orientieren wir uns nach rechts, gehen um das Kraftwerk herum und dann gleich wieder links den Weg hoch und dann rechts die Treppe hinauf. Wir überqueren die Winzerhalde und gehen geradeaus weiter, entlang dem kleinen Weg Zapfensteig, den Berg hinauf, nochmals über eine Treppe bis zur Winzerstrasse. Diese überqueren wir wieder und nehmen weitere Treppen, den Talchernsteig hoch, bis auf der Anhöhe ein Weg rechts abbiegt: die Hohenklingenallee. Hier befindet sich der 4 **Rebberg Hohenklingen,** mit einer Größe von 0,5 Hektar einer der kleinsten der fünf Rebberge Hönggs. Insgesamt wachsen in Zürich heute 13 Hektar Reben, die Hälfte davon in Höngg. Aus 4,9 Hektar wird Rotwein und aus 3,1 Hektar Weißwein gekeltert. Die blauen Trauben ergeben einen Blauburgunder, der in Zürich auch „Clevner" genannt wird, die pilzwiderstandsfähigen Sorten Prior und Divico und Cabernet Dorsa. Die Weißweinsorten sind RieslingxSylvaner, Pinot Gris und der sehr ortstypische Räuschling.

Bravo Ravioli & Delikatessen

Wir spazieren die Hohenklingenallee entlang bis zum Ende. Bei der Kleintierpraxis Hohenklingen biegen wir links in die Straße und gehen 80 Meter bis zur Limmattalstrasse, welche wir überqueren. Leicht links von uns ist das Geschäft 5 **Bravo Ravioli & Delikatessen** mit den besten täglich handgefertigten Ravioli der Stadt. Mit etwas Glück kann man der Familie durchs Schaufenster bei der Herstellung zuschauen. Zu den Delikatessen, für die man Purzelbäume schlagen könnte, gehört der famose Schoggikuchen. Auch das Olivenöl ist eines der besten, das man in der Stadt erhält. Sämi, der Bravo-Besitzer verbringt jedes Jahr eine Woche in der Toskana, wo er seinen Freunden hilft, die Oliven von Hand zu ernten. Noch am gleichen Tag werden sie in der nahe gelegenen Ölmühle zu Olivenöl verarbeitet. Das Olivenöl und seine liebste Bravo-Ravioli-Sorte kann man nebenan in der Metzgerei Eichenberger kaufen, die als Bravo-Partner übrigens auch das Fleisch liefert, mit denen die frischen Ravioli gefüllt sind. Empfehlen kann ich die Limonen-Ravioli: Ich habe selten so etwas Feines gegessen.

Nun geht es wieder stadteinwärts: Wir folgen der Limmattalstrasse 250 Meter weit am hübschen Tramdepot vorbei, bis wir links in den kleinen Widumweg abzweigen können. Bei der ersten Straße, der Imbisbühlstrasse, wenden wir uns nach rechts und gehen weiter bis zur Hausnummer 7. Den angenehmen, anziehenden Duft von frisch gemahlenem Kaffee aus dem 6 **Röstlabor** kann man manchmal schon von der Straße aus riechen. In der Mikrorösterei veredeln die beiden Espresso-Liebhaber Weily und Yves kleine Mengen Kaffeebohnen in höchster Qualität. Sie sind überzeugt, dass die oft verschmähte Robusta-Bohne, richtig geröstet, alleine oder gut gemischt, einen perfekten Espresso ergibt. Seit der Gründung zählen beliebte Cafés wie das Kapitel 10, das Sphères und das Café des Amis zum Kundenkreis.

Weingenuss in der mit Reben überwachsenen Weinlaube bei Zweifel.

Wir gehen auf der Imbisbühlstrasse weiter in derselben Richtung, bis links die Wieslergasse weggeht. Dieser folgen wir bis zur Regensdorferstrasse. Nach dem Überqueren der Strasse beeindruckt geradeaus das prächtige Stammhaus mit Anbau aus dem 16. Jahrhundert. Es ist die Produktion und Weinkellerei, der Shop und die 7 **Zweifel 1898 Weinbeiz.** Die seit 1440 Wein anbauende Familie Zweifel gründete 1898 die Firma „Gebr. Zweifel Höngg – Eigenbau und Handel in Weinen". Mit der Industrialisierung, als auf einmal die Transportwege viel kürzer wurden, wuchs auch die Konkurrenz für die lokalen Weine. Zudem bewog die Familie Zweifel, durch die eingeschleppten Krankheiten Reblaus und Mehltau aus Amerika gegen Ende des 19. Jahrhunderts, mit der Produktion von Süßmost zu beginnen. Nach dem Zweiten Weltkrieg war Zweifel die modernste Mosterei in Europa. Da die Konkurrenz nach dem Krieg durch die von den US-Soldaten in Europa eingeführten Süßgetränke wie Coca-Cola zu groß wurde, stellte man die Obstsaftproduktion wieder ein. Zu dieser Zeit experimentierte ein Cousin mit dem Frittieren der ersten Kartoffelchips in einer riesigen Feldküchen-Pfanne auf seinem Bauernhof in Katzenrüti. Als er überraschend verstarb, übernahm die Familie Zweifel die Chips-Herstellung und integrierte die kleine Fabrik in das Höngger Stammhaus. Die Produktion der knusprigen Chips mit der einzigartigen Paprika-Würze entwickelte sich innerhalb kürzester Zeit zum größten Chips- und Snack-Unternehmen der Schweiz. Die zweifellos besten Chips in der Schweiz werden heute in der Nachbargemeinde, in Spreitenbach, produziert. Bei Zweifel

Zweifel 1898 Weinbeiz

findet man im Weinshop, neben den eigenen, auch Weine von Winzerfreunden aus der ganzen Welt. Im oberen Stock, im ehemaligen Obstlager, in dem es so wunderbar nach altem Holz duftet, kann man sich im Museum in die Geschichte des Weines und der Familie Zweifel vertiefen. Auf einer Hausführung kann man die letzte und einzige Kelterei in der Stadt Zürich besuchen und hautnah mitverfolgen, wie die Trauben angeliefert, gepresst und dann in Tanks und Fässer abgefüllt werden. Dort wird dank dem Gärprozess aus Traubensaft Wein. Auch die Abfüllung in Flaschen, das Verkorken oder Verdeckeln und das Etikettieren finden im Haus statt. In der wunderschönen Pergola im Innenhof oder in der gemütlichen, geschichtsträchtigen Weinbeiz kann man all die Tropfen genießen, die man zuvor entdeckt hat. Dazu gibt es

Kapitel 10

die lokal typischen Apero-Plättchen mit Käse und hausgeräucherten Rohschinken, ein kleines saisonales Dinnerangebot und natürlich des Schweizers liebste Chips.

Mit diesen Impressionen aus der Geschichte im Allgemeinen und aus der Weinherstellung im Besonderen kommen wir zurück auf die Straße, gehen links die Regensdorferstrasse entlang, überqueren sie und achten auf den kleinen Fußweg, der rechts abgeht, die Schärrer Gasse. Der kleine Weg führt zwischen den Häusern hindurch, am etwas versteckten Spielplatz vorbei bis zur nächst größeren Straße, der Limmattalstrasse. Nach dem Überqueren des Zebrastreifens gehen wir etwas links und stehen vor der Nummer 197, vor dem 8 **Kapitel 10.** Der attraktive Buchladen gleicht einem Wohnzimmer und ist der Grund, weshalb man sich sofort zu Hause fühlt, schon beim Eintritt. Andreas Pätzold verwirklichte hier seinen Traum und eröffnete 2019 einen Ort, um mitten in guten Büchern eine Auszeit nehmen zu können vom Alltag, in Büchern zu blättern, sich inspirieren zu lassen. Entstanden ist eine Buchhandlung mit Café, mit einem liebevollen Angebot, sehr ansprechend präsentiert, und der Chance, einen feinen aromatischen Espresso vom Röstlabor zu genießen.

Bester Kaffee der Stadt und Bücherparadies.

Wieder draußen, gehen wir die letzten Meter zurück zum Meierhofplatz, beenden den Spaziergang aber noch nicht, sondern gehen ein paar Meter weiter, unter der Arkade durch bis zur Limmattalstrasse 161. Die winzige, mit viel Liebe zum Detail dekorierte 9 **Sibesinn Schenkbar** ist ein Highlight in Höngg. Hier gibt es nicht alltägliche kleine Geschenke, Tassen, Krüge und Schalen, Kerzen und Teelichter, Schmuck und Accessoires, handgemachte Seifen und Bio-Badeartikel. Beim offerierten Getränk kann man sich in die herrliche Auswahl stürzen, an jeder Ecke warten kleine Wunderdinge, mit denen man am liebsten die ganze Welt beschenken möchte.

Der Genusstrip endet nach dem Besuch dieser Oase, indem wir wenige Schritte nach links gehen, um wieder an unserem Ausgangspunkt anzukommen.

11 OERLIKON

Start/Ziel: Bahnhof Oerlikon, 8050 Zürich
(GPS: 47.4114754, 8.5419249)
Länge: ca. 5,5 Kilometer
Dauer: ca. 2,5 Stunden
ÖPNV: Haltestelle Bahnhof Oerlikon, Tram 11, diverse S-Bahnen
Parken: Parkhaus Züri 11 Shopping, Nansenstrasse 5/7, 8049 Zürich

Unterwegs entdeckt:

1. Marktplatz
2. Offene Rennbahn Oerlikon
3. Dorflinde
4. Schulhaus Liguster
5. Gustav-Ammann-Park
6. Regina-Kägi-Hof
7. FREITAG
8. ABB
9. Oerlikerpark
10. Wahlenpark
11. Krokodil
12. MFO-Park

Essen + Trinken:

Die knusprigen, heiß servierten Paninis von **Jaime El Barco,** Otto-Schütz-Weg 5, 8050 Zürich, Tel. +41 (44) 310 21 70 (www.jaime.ch) schmecken zu jeder Tageszeit hervorragend.

Eines der beliebtesten Trendlokale ist das **Cheyenne drinks & food,** Querstrasse 3, 8050 Zürich, Tel. +41 (44) 313 90 90 (www.cheyenne-oerlikon.ch). Zu empfehlen sind Burger, Nachos, Chicken Wings und die feinen Cocktails, wie Margaritas und Daiquiris.

Neues Bauen, neues Arbeiten, neues Wohnen

Oerlikon war vor der Eingemeindung 1934 nach Zürich und Winterthur die drittgrößte Stadt im Kanton Zürich. Der Zürcher Stadtteil Oerlikon hat sich im Lauf der letzten zwei Jahrzehnte von einem Industriestandort in ein attraktives Wohn- und Geschäftsviertel verwandelt, mit einigen überraschenden Entdeckungen, wie einem Stier, einem Krokodil, einer nackten Skulptur und dem vermutlich spektakulärsten dreidimensionalen Park Europas.

Der Spaziergang startet auf dem Platz vor dem Bahnhof Zürich-Oerlikon, einem der ältesten Bahnhöfe der Schweiz. Nach dem Bau der Nordostbahn Mitte des 19. Jahrhunderts verband er Zürich via Bülach und Uster mit dem Norden, mit dem süddeutschen Raum. Durch die Anbindung ans Schienennetz wurde Oerlikon zum Eisenbahnknotenpunkt und damit für die Industrie interessant. Das wunderschöne historische Bahnhofsgebäude stammt aus dieser Zeit und wurde ebenso wie die Bahnhofshalle des Hauptbahnhofs im Stadtzentrum von Jakob Wanner entworfen.

Geradeaus nehmen wir die Edisonstrasse, die zum ❶ **Marktplatz** führt. Schon seit über 100 Jahren findet hier zweimal wöchentlich der farbenfrohe Gemüse-, Früchte- und Blumenmarkt statt. Jeden Mittwoch und Samstag treffen Marktfahrer auf Städter, die sich mit frischem Gemüse, duftenden Schnittblumen, knusprigem Brot und aromatischem Käse, Fisch oder Fleischspezialitäten eindecken. Am besten lässt sich das bunte Treiben des mit über 50 Ständen größten und vielseitigsten Markt der Stadt von einem der umliegenden Cafés oder Restaurants in der Fußgängerzone beobachten.

Wir überqueren den Platz und nehmen an seinem Ende die Querstrasse links, die zur Haltestelle Sternen Oerlikon führt. Nach dem Überqueren der großen Kreuzung geht es immer geradeaus die Wallisellenstrasse entlang, am Theater 11 vorbei, bis zum ZSC Lions Platz. Rechts liegt die älteste noch benutzte Sportstätte der Schweiz, die ❷ **Offene Renn-**

6.50
Lantana
6.–
Euphorbia
6.–
Katzenminze
10.–
Katzenminze
6.–
Bergminze
6.–
6.50
Hopfenoregano
6.50
8.50
9.–

Marktplatz

bahn Oerlikon. Sie blickt auf eine bewegte Geschichte zurück. 1912 feierlich eröffnet, avancierte sie zum Schauplatz von sieben Bahn-Radweltmeisterschaften. Da die Steilkurven mit über 40 Grad Neigung bei Regen eine große Absturzgefahr boten, wurde 1939 die damals größte Sporthalle Europas, das Hallenstadion, gebaut, das sich direkt vor uns befindet. Die wettersichere, gedeckte Holzpiste der Rennbahn galt als schnellste Radrennbahn der Welt. Highlight war das jährliche Sechstagerennen, das zuletzt 2014 ausgetragen wurde. Außerhalb dieses Spektakels wurden im polysportiven Hallenstadion auch Konzerte, Shows und Eishockey-Spiele gefeiert. In Erinnerung bleibt das Konzert der Rolling Stones 1967: Als sie nach der vertraglichen Konzertdauer von 35 Minuten von

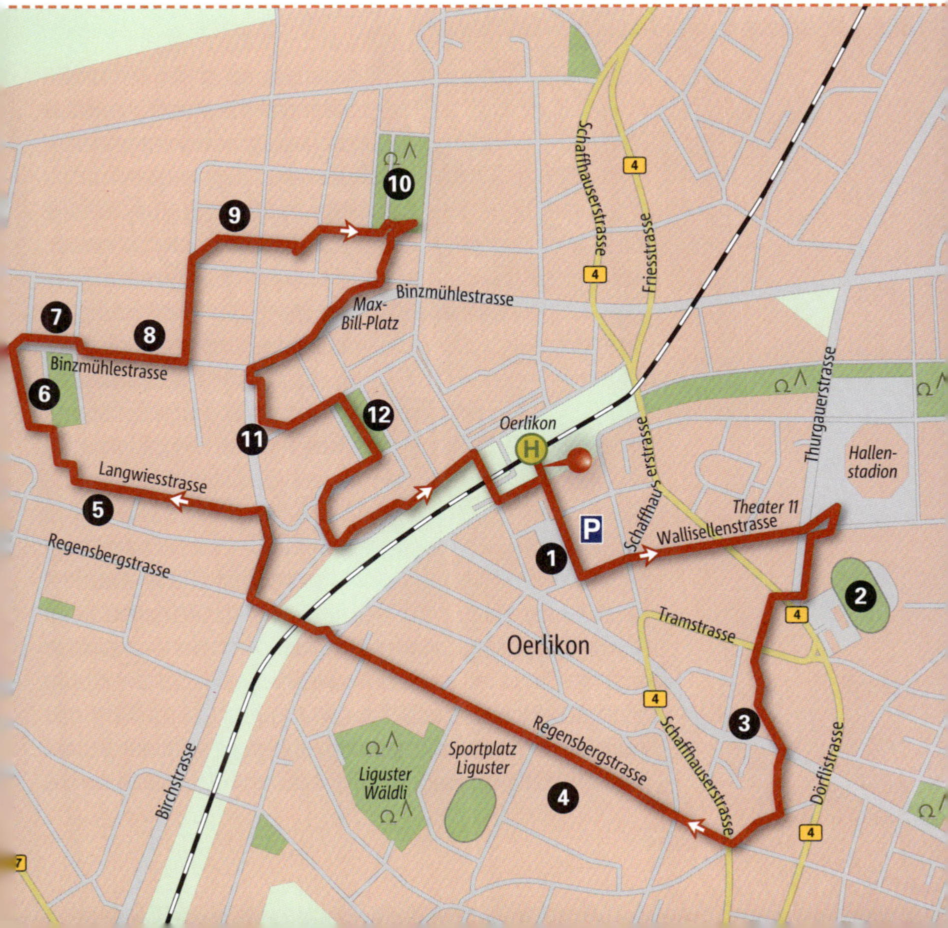

Offene Rennbahn Oerlikon

der Bühne gingen, versetzte der kurze Auftritt das enttäuschte Publikum derart in Rage, dass es kurzerhand alle Stühle kurz und klein schlug. 1980 spielte Bob Marley sein einziges Konzert in der Schweiz. Seine Botschaft „Get up, stand up" interpretierte die aufgerüttelte Jugend als Aufruf zum Protest. Sie forderte ein Jugendzentrum, welches die Stadt ihr verwehrte, während sie gleichzeitig 60 Millionen für die Renovierung des Opernhauses ausgab. Tausende Konzertbesucher aus dem Hallenstadion zogen in die Innenstadt und es kam zu Auseinandersetzungen mit der Polizei, zu geplünderten Geschäften und hohen Sachschäden. Nach Monaten der gewaltsamen Proteste lenkte die Zürcher Politik schließlich ein und überließ den Jugendlichen die Rote Fabrik am See, in Wollishofen, als Kulturzentrum.

Vor der Radrennbahn geht es rechts in die Thurgauerstrasse, bei der Kreuzung kurz rechts in die Dörflistrasse und dann gleich wieder links, zwischen den Häusern durch, die Dorflindenstrasse entlang. Nach dem Überqueren der Tramstrasse wird die Straße zu einem Fußgängerweg, der uns direkt zum ältesten Baum der Stadt führt: der 300-jährigen 3 **Dorflinde** (Tilia platyphyllos), die unter Heimatschutz steht. Ihr Stamm hat einen Umfang von vier Metern. Innen hohl, wurde sie mit

Beton aufgefüllt, um sie zu stabilisieren und ihr Leben zu verlängern. Obwohl diese Technik heute nicht mehr angewandt wird, hat sie ihr Ziel erfüllt. Oerlikon wird heute noch von vielen als „Dörfli" wahrgenommen. An die vergangenen Zeiten erinnert man sich gerne im Alterszentrum Dorflinde, das sich direkt vor uns befindet und in dem ältere Menschen eigenverantwortlich und selbstbestimmt leben können.

Vor dem Eingang wenden wir uns nach rechts, gehen über den Platz und die Treppe hinunter, über die Schwamendingerstrasse geradeaus weiter in den Gagliardiweg. Am Ende des Weges nehmen wir rechts die Allenmoosstrasse, folgen ihr aufwärts, überqueren die Schaffhauserstrasse und wählen die Straße leicht rechts, die Regensbergstrasse. Sie führt uns am 4 **Schulhaus Liguster,** einem 100-jährigen monumentalen Volksschulhaus, vorbei. Etwa 150 Meter nach dem Schulhaus machen wir einen kurzen Abstecher nach links in die Spielwiesenstrasse, die uns zum Sportplatz des Schulhauses führt. Vor dem historischen Pavillon, in dem sich die Garderoben befinden, steht eine von der Stadt 1934 aufgestellte nackte Skulptur. Der „Läufer" löste bei der Lehrerschaft in dem frisch eingemeindeten Quartier Proteste aus, da er als pornografisches Werk betrachtet wurde. Fünf Jahre später wurde das Werk des lokalen Bildhauers Franz Fischer aus Oerlikon auf der Weltausstellung in New York mit der Goldmedaille ausgezeichnet. Zurück auf der Regensbergstrasse gehen wir in

Dorflinde

Schulhaus Liguster

Gustav-Ammann-Park

derselben Richtung wie zuvor immer geradeaus weiter, bis wir auf der Regensbergbrücke die Bahngleise überqueren. Am Birchplatz gehen wir rechts und nehmen dann die zweite wieder links, die ruhige Quartierstraße Langwiesenstrasse. Am Ende der Straße stehen wir vor dem Tor eines Parks.

Während Emil Georg Bührle, Eigentümer der gleichnamigen Werkzeugmaschinenfabrik, im Zweiten Weltkrieg frisch-fröhlich Waffen in die ganze Welt verkaufte, ließ er für die Belegschaft auf dem Firmengelände das Wohlfahrtshaus und den Wohlfahrtsgarten, heute 5 **Gustav-Ammann-Park,** errichten. Nach dem Architekten Gustav Ammann benannt, entstanden ein Haus für Versammlungen, eine Kantine und ein Park, der dank eines Pavillons, eines Teiches und Trockensteinmauern den Arbeitern Tessin-Gefühle und Ferienstimmung vermittelte. Der Weg geradeaus durch den (öffentlichen) Park führt am Haus der Farbe vorbei zu einem Ausgang auf der anderen Seite. Wir wenden uns nach rechts und nehmen die Treppe, die hinunterführt.

Regina-Kägl-Hof

Auf dem früheren Fabrikareal ist eine Siedlung entstanden. Dank einer Stahlkonstruktion und Fertigelementen, wie vorfabrizierten Betonplatten, schuf die Allgemeine Baugenossenschaft Zürich ABZ einen Neubau mit bezahlbaren Wohnungen, den 6 **Regina-Kägi-Hof.** Wir gehen links in den Innenhof, durchqueren ihn und verlassen ihn rechts Richtung Norden. Über die kleine Brücke kommen wir zum zur Genossenschaft gehörenden Heizwerk. Eine Künstlerin hat den Betonklotz mit großen dunkelgrünen Ziffern bemalt. Die „2" steht für das Miteinander und das Teilen. An der Binzmühlestrasse angekommen, überqueren wir diese und gehen nach rechts. Auf der anderen Straßenseite ist der Louis-Häfliger-Park mit seinen etwas speziellen pyramidenförmigen Grashügeln.

ABB Toro

Nach 50 Metern stehen wir vor dem Gewerbehaus Nœrd. 1993 ratterte ununterbrochen eine Nähmaschine in einer abbruchreifen Wohnung an der Hardbrücke. In der Badewanne schwammen Stücke von Lastwagenplanen in einer schwärzlichen Brühe. Im Flur standen Kisten voller alter Fahrradschläuche und Auto-Sicherheitsgurte. Markus Freitag wollte aus all dem gebrauchten Zeug eine Tasche machen, eine, die praktisch ist zum Fahrradfahren. 30 Jahre später ist die Tasche von 7 **FREITAG** weltweit ein Kultobjekt, das fast jedes Kind kennt. Im Gebäude Nœrd werden die Planen angeliefert, zerlegt, gewaschen und von Designern mit ihren Schablonen in die schönsten Motive geschnitten. Das Zusammennähen erfolgt im europäischen Ausland. Zurück im Nœrd werden die Unikate nach einem geheimen Farbenmix zusammengestellt und in die über 300 FREITAG-Stores weltweit zum Verkauf gebracht.

Nach dem markanten Stahlbau des Elektrokonzerns 8 **ABB** biegen wir vor dem roten Gebäude links in die Brown-Boveri-Strasse und kommen zum Entwicklungszentrum mit dem metallenen Stier-Kunstwerk, das den Gebäuden den Namen (Toro) gab. Hier werden Straßen- und U-Bahnen, Züge und Stellwerke entwickelt, die man auf der ganzen Welt im öffentlichen Nahverkehr antrifft. Auch die beiden neuesten Generationen der Zürich Trams, Cobra und Flexity, wurden in Oerlikon vom Unternehmen Bombardier entwickelt, das mittlerweile von Alstom übernommen wurde, das wiederum zu ABB gehört. Das neueste Zürcher Tram Flexity ist mit einem „Obstacle Detection Assistance System" ausgestattet, das Gefahren erkennt und den Tram-Piloten mit einer automatischen Bremsung unterstützt.

Oerlikerpark Blauer Turm

Vor dem Engineering-Gebäude eröffnet sich der 9 **Oerlikerpark.** Wo sich früher ABB-Mitarbeiter auf der firmeneigenen Sportanlage austobten, ist heute ein großer Platz mit Spielplatz und Wasserbalken entstanden. Wir überqueren diesen Platz und gehen zu einem aus blauem Beton gegossenen Aussichtsturm. Er ruft Erinnerungen an die Hochkamine im ehemaligen Industriegebiet wach. In luftiger Höhe auf 35 Meter bietet sich eine fantastische Aussicht auf die Churfirsten, die Urner- und Glarner-, ja sogar die Berner-Alpen und auf das gesamte Stadtviertel in Zürichs Norden. Eine spiralförmig um den Betonkern laufende Wendeltreppe führt langsam über die Gebäudedächer und Bäume hinaus, bis man, auf dem Aussichtspodest angekommen, die eindrucksvolle Rundsicht genießen kann. Ein transparentes Stahlnetz um den Turm macht die Besteigung sicher und leicht: Der Turm ist Tag und Nacht frei zugänglich.

Wir gehen in derselben Richtung weiter, links entlang des Gebäudes, das vor uns liegt, kommen an einem roten Sportplatz vorbei und stehen nach wenigen Metern schon wieder vor einem Park, dem 10 **Wahlenpark.** Auf der großen Wiese, die an das Schulhaus Im Birch angrenzt, befindet sich ein rundes Schwimmbecken, das „Stille Wasser" mit dem auf-

Wahlenpark

fälligen runden Schattendach. Entlang der grünen Wiese liegt der Blaue Glasbalken, ein Kunstwerk aus Beton und blauen Glasbausteinen. Der Außenraum funktioniert als Sitzbank für die Quartierbewohner. Aus dem Inneren heraus beleuchtet, fungiert er als gigantischer blauer Lichtkörper in der Nacht. Der Innenraum ist ein 160 Meter langer, drei Meter breiter und drei Meter hoher, märchenhafter Hohlraum, der nur für spezielle Anlässe wie Konzerte und Ausstellungen geöffnet ist. Durch einen Durchgang, den Fritz-Heeb-Weg, gelangen wir in den Innenhof des Accu-Gebäudes. Als Erstes sehen wir links die gemütliche Paninoteca „Jaime El Barco" mit lateinamerikanischem Flair. Bei einem Panini in entspannter, familiärer Atmosphäre einen Cocktail zu schlürfen, macht nicht nur den Quartierbewohnern Spaß, sondern auch den Hotelgästen, die es schätzen, dass man hier schnell mit Locals ins Gespräch kommt. Auf der anderen Seite verlassen wir den Innenhof und stehen mitten auf dem Max-Bill-Platz. Der 1908 geborene, vom Bauhaus geprägte Architekt Max Bill war einer der wichtigsten Schweizer Vertreter der Konkreten Kunst, welche stark mit geometrischen Formen und mathematischen Vorgehensweisen arbeitet. Bill schuf zahlreiche Skulpturen, unter anderem die Pavillon-Skulptur an der Bahnhofstrasse. Während des Zweiten Weltkrieges nahm er einige prominente politische Flüchtlinge auf, die aus dem faschistischen Italien oder Deutschland geflüchtet waren.

Krokodil

Wir gehen nach rechts über den Platz, noch 100 Meter weiter, überqueren die Birchstrasse, und sehen links das 11 **Krokodil.** Um die Güterzüge auf der steilen Gotthard-Strecke zu ziehen, entwickelte die Maschinenfabrik Oerlikon 1919 eine ungewöhnliche Lokomotive. Das Fahrwerk dieser langen, kraftvollen Zugmaschine musste in drei Teile, mit einer Kupplung verbunden, aufgeteilt werden, damit die engen

MFO-Park

Kurven zu bewältigen waren. Die rotierenden Bewegungen der drei Teile „Schnauze", „Körper" und „Schwanz" erinnerten an den Gang eines Krokodils und haben, neben der grünen Farbe, zu dem Spitznamen geführt. 2020 wurde eines dieser Krokodile an seinen Geburtsort zurückgeführt – und erinnert an die industriellen Tätigkeiten der Vergangenheit und verweist auf den Hightech-Werkplatz heute.

Links biegen wir in die Sophie-Täuber-Strasse und nach nur einem Block liegt der vermutlich spektakulärste Park vor uns, der ⑫ **MFO-Park.** Das erste große Industrieunternehmen, das dem ländlichen Oerlikon ab 1876 ein schnelles Wachstum bescherte, war die Maschinenfabrik Oerlikon, kurz MFO. Die Produktion von Motoren, Generatoren und Lokomotiven machten Oerlikon weltberühmt. Anfang des 20. Jahrhunderts übernahm der Deutsche Emil Georg Bührle die Geschäftsleitung und wurde Mehrheitsaktionär. Die Werkzeugmaschinenfabrik produzierte ab 1924 auch Waffen, die sie an Kriegsparteien in der ganzen Welt lieferte: an die Bürgerkriegsregierung in China und deren Kriegsgegner Japan, die Sowjetunion und Frankreich, Nord- und Südamerika, Großbritannien und die Türkei. Bester Kunde im Zweiten Weltkrieg war Deutschland. Die These, dass 1943 britische Bomber die Industrieareale in Oerlikon bewusst und absichtlich bombardierten als Strafaktion, weil sie die Deutschen mit Kriegsmaterial belieferten, hält sich hartnäckig. Inzwischen ist es vollständig belegt, dass die Bombardements auf Irrtümern beruhten und es ist klar, dass es kein Denkzettel für die damalige Wirtschaftspolitik war. Am Standort der Fabrik begeistert der vielfach ausgezeichnete MFO-Park ebenso Fachleute wie die Quartierbevölkerung. Um die Stahlkonstruktion ranken sich über mehrere Stockwerke Schlingpflanzen. Bewachsene Zwischengänge, Treppenläufe und Logen laden zum Entdecken und Verweilen ein. Vom Sonnendeck aus hat man eine gute Aussicht über den Norden der Stadt. Nachdem wir den Park auf der gegenüberliegenden Seite verlassen haben, drehen wir uns nach rechts und dann gleich zweimal nach links, damit wir um das Gebäude herum auf die andere Seite kommen.

1200 Kletterpflanzen aus 100 Arten zaubern ein großartiges Farbenspiel.

Bei den Bahngleisen bewundern wir das alte Backsteingebäude. Über 100.000 Menschen nutzen den Bahnhof Oerlikon im Durchschnitt pro Tag. Er gilt als Nadelöhr, da alle Richtung Norden und Nordosten fahrenden Züge diese Strecke benutzen. Deshalb wurde der Bahnhof in einer siebenjährigen Bauzeit unter vollem Betrieb von sechs auf acht Gleise erweitert. Dafür musste das ehemalige Verwaltungsgebäude aus Backstein links von uns verschoben werden. Auf einer Gleiskonstruktion mit Hydraulikpresse versetzte man das 6200 Tonnen schwere Gebäude um 60 Meter, um mehr Platz für den Bahnhof zu bekommen. Die Verschiebung des 120 Jahre alten Industriedenkmals dauerte ganze 17 Stunden. Noch nie zuvor war ein Gebäude dieser Größe über eine so lange Distanz verschoben worden, um es vor dem Abbruch zu retten. Heute kann man gut und gemütlich essen im Restaurant Perron 9 oder im Bistro Gleis 9 einen guten Drink genießen.

Jetzt sind es nur noch 200 Meter zurück zum Bahnhof Oerlikon, unserem Ausgangspunkt.

12 SCHWAMENDINGEN

Start/Ziel: Schwamendingerplatz, 8051 Zürich
(GPS: 47.4045977, 8.5696974)
Länge: 5,4 Kilometer
Dauer: ca. 2,5 Stunden
ÖPNV: Haltestelle Schwamendingerplatz, Tram 7, 9
Parken: Parking, Herzogenmühlestrasse 12, 8051 Zürich

Unterwegs entdeckt:

1. Freibad Auhof
2. Glatt
3. Schulhaus Stettbach
4. Ortsmuseum
5. Wirtschaft Ziegelhütte
6. Wasserrad
7. Schuhlhaus Heinrich Bosshardt
8. Alte Kirche St. Niklaus
9. Kehlhof
10. Hirschen

Essen + Trinken:

Die erste Adresse für gute, frische und kreative Küche in Schwamendingen ist die **Wirtschaft Ziegelhütte,** Hüttenkopfstrasse 70, 8051 Zürich, Tel. +41 (44) 322 40 03 (www.wirtschaft-ziegelhuette.ch).

Im Restaurant **Die Blume,** Winterthurerstrasse 534, 8051 Zürich, Tel. +41 (44) 322 82 00 (www.blume.restaurant) lässt es sich auf der großen Terrasse unter der Platane bei lokalen Gerichten herrlich entspannen.

Vom ländlichen Dorf zur Gartenstadt

Schwamendingen bildet den jüngsten Stadtkreis, der eine lange, lustige und lebendige Geschichte hat. Wir erfahren, dass Oerlikon lange Zeit ein kleiner Weiler neben dem viel wichtigeren Ort Schwamendingen war, außerdem wie ein Handwerker im Mittelalter „gar guten Lehm" fand, um Ziegel zu brennen, wie Schwamendingen zum Schauplatz einer Schlacht zwischen Russen und Franzosen wurde und wie die Eisenbahn alles veränderte: Oerlikon wurde zum Industriegebiet und Schwamendingen zum Wohnquartier. Auf dem Reißbrett plante man die Gartenstadt, damit die Kinder der Fabrikarbeiter weg von Staub und Lärm aufwachsen konnten.

Die Geschichte Schwamendingens beginnt im 5. Jahrhundert, als sich ein Alemanne namens Swabmund hier niederließ. Die über den Rhein gekommenen Alemannen nannten ihre Siedlungen nach dem Namen der Sippe. Die Endung -ingen ließ auf den Wohnort schließen, „Suamundinga" auf die Sippe von Swabmund. Spätere Siedlungen, die nach 600 n. Chr. entstanden, waren die „-hova", also Höfe, deren Endung sich später in „-ikon" verwandelte. Sie lagen meist in Nachbarschaft zu ingen-Dörfern: So muss Oerlikon, in Nachbarschaft zu Schwamendingen, entstanden sein.

Wir starten den Spaziergang am Schwamendingerplatz. Immer eine Woche vor dem Zürcher Knabenschiessen im September findet auf dem Dorfplatz der größte Event des Jahres statt: die Schwamendinger Chilbi (Jahrmarkt). Der gepflasterte Platz hat sich in den letzten Jahren zurück zum Dorfplatz gewandelt, die Fußgängerzone ist weitläufig und auf dem Platz kann man in einem der umliegenden Cafés gemütlich dem Treiben zusehen. Jeden Donnerstag ist hier Markt, einzigartig ist die Marktzeit: Anstatt frühmorgens startet der Markt hier gemütlich um 14 Uhr.

Wir verlassen den Platz und gehen über den Parkplatz in die Herzogenmühlestrasse, die wir auf einem kleinen Weg zwischen der Straße und einem kleinen Bach begleiten. Der Fußweg wird zum Gehsteig und wir orientieren uns immer

Freibad Auhof

weiter geradeaus, an der Scheune und dem gut erhaltenen Bauernhof vorbei, bis zum Komplex mit den Backsteinen. Zuerst kommt links die Schule und dann das Bad. Die Schulanlage und das ❶ **Freibad Auhof** sind als einheitliche Anlage in den 1950er-Jahren geplant worden. Der Zürcher Architekt Ernst Gisel verwendete unverkleidete, naturhaft rohe Materialien – ein Stil, der als „Brutalismus" bekannt ist. Gisel kombinierte gekonnt die neu aufkommende Begeisterung für Sichtbeton mit rohen Backsteinen und Holz. Nach der Eingemeindung 1934 erhielt die bis zu diesem Zeitpunkt bäuerliche Gemeinde eine neue Zweckbestimmung als Wohnquartier. Die Kinder der Arbeiter in der Industrie Oerlikons sollten, ganz nach britischem Vorbild, in einer gesunden Umgebung aufwachsen. Stadtbaumeister Albert Heinrich Steiner folgte 1948 dem Konzept, Schwamendingen als Gartenstadt, also als durchgrüntes Wohnge-

Glatt

biet, zu planen. Es entstanden Reihenhäuser und genossenschaftliche Siedlungen mit preisgünstigen Wohnungen und Hochhäusern. Trotz der urbanen Dichte bot der verhältnismäßig große Anteil Grünfläche viel Erholungsraum.

Am Ende der Hecke überqueren wir die Luegislandstrasse und gehen geradeaus bis zur Überlandstrasse. Diese überqueren wir beim Lichtsignal und nehmen dann den kleinen Fußweg geradeaus, der unter der Autobahn hindurchführt bis zum Fluss. Die 2 **Glatt** entleert den Greifensee und mündet in den Rhein. Wir nehmen die Brücke und spazieren auf der anderen Flussseite rechts auf dem Weg weiter, dem Flusslauf entgegen. Links von uns ist die Autobahn A1 und dahinter befand sich seit 1429 die Herzogenmühle. Die Mühle hatte

Schulhaus Stettbach

für die Schwamendinger eine wichtige Bedeutung, sie ließen dort ihr Korn zu Mehl verarbeiten. Die Zunft Schwamendingen führt noch heute auf ihrem Wagen am Sechseläuten Umzug ein Modell der Herzogenmühle mit. Bei der nächsten Brücke wechseln wir wieder das Ufer und setzen den Weg in derselben Richtung flussaufwärts fort. Vor der nächsten großen Straßenbrücke, die über die Glatt führt, biegen wir rechts in den kleinen Weg und folgen ihm bis zur Ueberlandstrasse, die wir beim Zebrastreifen überqueren. Wir wenden uns nach links entlang der Steinmauer, bis sie, versteckt hinter einer zweiten Wand, einen Durchgang bietet. Der kleine Weg mündet kurz darauf in die Roswiesenstrasse, die wir weiter geradeaus gehen. Bei der Luegislandstrasse angekommen, führt unsere Route nach links durch das ruhige Wohnquartier, zwischen den Häusern hindurch, bis zur Winterthurerstrasse, die wir auf dem Zebrastreifen überqueren, zuerst die Tramgeleise und dann die Straße. Auf der anderen Seite orientieren wir uns kurz nach rechts und dann gleich wieder links in die Glattwiesenstrasse. All die „Wiesen"-Straßen erinnern an Steiners Konzept der Gartenstadt. Der Glattwiesenstrasse folgen wir einige Hundert Meter bis an ihr Ende an der Dübendorferstrasse. Hier überqueren wir wieder Tramgleise und Straße und nehmen fast genau geradeaus die Treppe, die auf das Schulhausgelände führt.

Auf dem Pausenplatz des 3 **Schulhauses Stettbach** erinnert ein Findling mit Kanonenkugeln an die Schlacht bei Zürich, bei der über 4000 Soldaten ums Leben kamen. 1798 stand Napoleons Armee mit 250.000 Mann vor den Stadttoren Zürichs. Die Zürcher realisierten schnell, dass sie keine Chance hatten und ließen die Franzosen kampflos in die Stadt hinein. Man erhoffte sich, dass die Truppen die Stadt durch die Kooperation verschonen würden, was sie auch taten. Aber sie forderten während ihrer Besetzung Lebensmittel von den Einwohnern und die Einquartierung der Soldaten in den Familien. Die Franzosen zogen sich 1802 aus der Schweiz zurück – die Schweiz blieb aber während der nächsten Jahre eine „friedliche Pufferzone".

Wir gehen über den Pausenplatz, nehmen den kleinen Weg, der im Zickzack nach oben führt, und wenden uns, auf der Anhöhe angekommen, nach rechts in die Stettbachstrasse. An der Stelle, an der die Probsteistrasse in die Stettbachstrasse mündet, drehen wir 90 Grad nach links und stehen nach 40 Metern auf der Probsteistrasse vor dem ④ **Ortsmuseum** Schwamendingen. In diesem geschichtsträchtigen Haus führt der Quartierverein das identitätsstiftende Ortsmuseum, das die Geschichte von der Steinzeit bis ins Jetzt erzählt. Amüsant sind die Geschichten rund ums Dorfleben. Ein Bildschirm mit alten Schwarz-Weiß-Fotos veranschaulicht die Lebensweise und den Alltag der Vorfahren.

Ortsmuseum

Wirtschaft Ziegelhütte

Wir gehen in derselben Richtung weiter und nehmen bei der Kreuzung die rechts liegende Hüttenkopfstrasse, der wir einen halben Kilometer folgen, bis wir am Waldrand angekommen sind. Wir wählen erneut den Weg nach rechts, den Franzosenweg am Waldrand entlang, genießen die herrliche Aussicht über das Glatttal und die Berge, bis wir zuerst an der Waldhütte Ziegelhütte mit dem Spielplatz und dem Denkmal zur Schlacht bei Zürich vorbeikommen und dann schließlich vor der 5 **Wirtschaft Ziegelhütte** stehen. Auf einer Anhöhe, am Waldrand des Zürichbergs, fand Heini Hüwiner aus Bassersdorf, an einem Bach „gar guten Lehm". Mit der Einwilligung des Grossmünsters baute er 1543 ein Wohnhaus, einen Ofen und eine Hütte, um Ziegel zu brennen, und betrieb sein Handwerk zusammen mit seinen Söhnen. Dem Grossmünster war er einen Pachtzins schuldig, ebenfalls für das Weiderecht seines Pferdes und er musste den Schwamendingern seine Ziegel zu einem Vorzugspreis anbieten. Den Bauern war der Ziegler ein Dorn im Auge: Immer wieder vergaß er ihre Kuhgatter zu schließen und sie beschwerten sich beim Grossmünster, weil er den Weg versperrte oder Waldschäden durch den Lehmabbau entstanden. 1561 hatte er genug und verkaufte sein Gewerbe. Auch die nachfolgenden Pächter der Ziegelei gerieten immer wieder in Streit mit den Bauern, denn das Holz, um die Ziegel brennen zu können, war knapp und die Stellen, an denen sie Lehm abbauen durften, waren begrenzt. Die Lage verbesserte sich erst, als das Grossmünster die Ziegelei an den Pächter verkaufte. Bis 1873 wurden in der Ziegelhütte Ziegel hergestellt. Seit 1971 gehört die Ziegelhütte der Stadt, welche die historischen Gebäude renovieren ließ. Im Garten und im Winter in der gemütlichen Stube mit

Kachelofen verwöhnen die Gastgeber mit fast ausschließlich Selbergemachtem. Dafür sammeln sie eigenhändig auf der Wiese und im nahe liegenden Wald essbares Wildgemüse wie die Blüten des Löwenzahns für Löwenzahnhonig und die Knospen der Bärlauch-Blüten für Bärlauchkapern. Das Fleisch stammt von den Bio-Bauernhöfen in der Umgebung, gekocht werden sie „from Nose to Tail". Einmal im Jahr gibt es eine „Alpsau-Metzgete".

Nach dem Besuch der Ziegelhütte wenden wir uns, vom Eingang kommend, nach links Richtung Waldrand und schreiten auf der Hubenstrasse rechts dem Brandbach entlang. Nach 100 Metern gibt es eine kleine Brücke über den Bach und einen Weg links den Hügel hinauf. Wir spazieren durch den Wald von der Ziegelhütte zurück zum Dorfkern. An der Hüttenrainstrasse, wo der Schwesternbungertbach aus dem Unterholz tritt, hat die Männerriege 1976 mit Unterstützung von lokalen Gewerblern ein 6 **Wasserrad** montiert. Anlass war das fünfjährige Jubiläum des Stadtkreises 12. Das

Wasserrad

Wasserrad symbolisiert die mechanische Energie, die das Gewerbe im Mittelalter nutzte, und den Wandel, den das Dorf erlebt hat. Der Name des Baches kommt von den Schwestern, den Beginen, die hier früher einen Baumgarten, einen sogenannten Bungert pflegten. Beginen lebten in Gemeinschaften und führten ein religiöses Leben außerhalb eines Klosters und ohne Gelübde. Im Schwesternhaus widmeten sie sich im 15. Jahrhundert vor allem der Krankenpflege der Bevölkerung.

Weiter geht es durch den Wald, bis wir an eine Wegscheide kommen, wo wir den rechten Weg wählen. Jetzt geht es wieder hinunter, wir überqueren die Hubenstrasse und halten uns geradeaus zwischen Weide und Waldrand. Auf der

Schuhlhaus Heinrich Bosshardt

Bocklerstrasse angekommen, drehen wir nach rechts und gelangen in den alten Dorfkern mit malerischen alten Landhäuschen, die fast alle denkmalgeschützt sind. Auf der Hüttenkopfstrasse spazieren wir nach rechts und nehmen dann gleich wieder die erste links, die Heinrich-Bosshardt-Strasse.

Das erste Haus auf der rechten Seite ist das 7 **Schulhaus Heinrich Bosshardt.** Es erzählt die eindrückliche Geschichte der Schulbildung im Kanton Zürich. Der erste Schulmeister muss Jakob Schön aus Flums gewesen sein. Der Eintrag stammt aus dem Jahre 1671, in dem ihm verboten wurde, im Schulhaus Wein auszuschenken und um Geld zu spielen. Da man mit einem Lehrerlohn kaum eine ganze Familie ernähren konnte, legte er sein Amt nieder und wurde Wirt und Landwirt. Eine Ausbildung zum Lehrer brauchte es damals nicht. Das änderte sich erst ab 1831: Die neue liberale Regierung unterzog die Lehrkräfte einer Prüfung, bei der die Missstände herauskamen. Es gab Lehrkräfte, die behaupteten Basel liege am Schwarzen Meer, in der Schlacht bei Sempach sei Goliath ums Leben gekommen und Kaspar, Melchior und Balthasar seien die ersten Eidgenossen gewesen. Benannt ist das Schulhaus, vor dem wir stehen, nach dem Pädagogen Heinrich Bosshardt. Sein Schulalltag als Kind bestand vor allem aus Auswendiglernen von Psalmen und Gebeten. Vom Dorfpfarrer motiviert, begann er mit 21 in der allerersten Klasse des neu eröffneten Lehrerseminars zu studieren, mit dem Ziel, seinen Schülern ein besseres Schulerlebnis zu bieten als er selbst erfahren hatte. Da die Lehrbücher erst in Erarbeitung waren, wirkte Heinrich aktiv an deren Entstehung mit. Für das neue Gesangsbuch schrieb er zahlreiche Lieder. 1834 trat er eine Stelle als Lehrer in Schwamendingen an und entwickelte sich zu einem Pionier des modernen Zürcher Schulwesens. Kurz darauf, 1839, putschten die Konservativen Zürichs liberale Regierung und die modernen Lehrkräfte fielen in Ungnade. Nachdem Bosshardt sich für den Leiter des Lehrerseminars stark gemacht hatte, welcher wegen seiner pädagogischen Einstellung entlassen worden war, verlor auch er die Stelle. Die Schwamendinger wollten ihren beliebten Lehrer aber nicht gehen lassen und stellten ihn vorübergehend als Gemeindeschreiber ein. Die Bevölkerung war nicht glücklich über die Entwicklungen im Kanton. Am 29. August 1841 kamen über 20.000 Menschen zusammen und demonstrierten bei der Ziegelhütte gegen die konservative Regierung – dieser Tag ging als „Der Schöne 29. August" in die Geschichte Zürichs ein. Vier Jahre später wurde das konservative Regime durch eine liberale Regierung abgelöst und Bosshardt konnte wieder als Lehrer arbeiten. Berühmt ist Bosshardt vor allem für seinen Text für das patriotische Sempacherlied, das den glorreichen Sieg der Eidgenossen über die Habsburger 1386 bei der Schlacht von Sempach besingt:

Lasst hören aus alter Zeit,
Von kühner Ahnen Heldenstreit,
Von Speerwucht und wildem Schwertkampf,
Von Schlachtstaub und heißem Blutdampf.
Wir singen heut' ein heilig Lied,
Es gilt dem Helden Winkelried.

Wir behalten unsere Richtung bei und schlängeln uns auf einem kleinen Fußweg, nach der Velo-Barriere, rechts zwischen den Häusern hindurch und folgen dann der Stettbachstrasse nach links. Geradeaus sehen wir bereits die hübsche 8 **Alte Kirche St. Niklaus** mit ihrem roten Turm. Im Mittelalter war es üblich, wichtige Dokumente vor Feuer und Vergessen geschützt in der Turmkugel auf der Spitze des Kirchturms aufzubewahren. Als man bei der letzten Renovierung die Metallkugel herunterholte, um sie neu zu vergolden, war die Spannung groß, welche Dokumente man darin finden würde. Zum Vorschein kamen handgeschriebene Schriftrollen (die älteste von 1674), eine Chronik der Geschichte von Schwamendingen, alte Münzen und sogar jüngere Zeitungsausschnitte. In der ersten Hälfte des 15. Jahrhunderts ersetzte die gotische Kirche, auf demselben Fundament, den romanischen Vorgängerbau. Die Glasfenster dieser kleinen, hellen, freundlichen Kirche sind ein Werk des Oerliker Künstlers Willy Kaufmann. Er thematisiert in den drei Fenstern den Glauben, die Hoffnung und die Liebe, die über allem steht. Jesus' Jünger werden nicht als Heilige dargestellt, sondern sind Menschen mit Alltagsgesichtern. Links der Kirchentreppe befand sich bis vor etwa 150 Jahren ein Pfahl, auf den man eine sogenannte Trülle stellen konnte. Die Trülle war ein zylinderförmiger Käfig, in dem man Fehlbare so lang drehte, bis ihnen schlecht war. Sonntags, im Anschluss an den Gottesdienst, wurde unter Begeisterung der Bevölkerung gedrillt. Mit dem Einmarsch Napoleons 1798 verschwand die Trülle.

Bei der Kirchtreppe gehen wir hinunter und überqueren den Stettbachweg. Wir stehen bereits direkt vor dem 9 **Kehlhof.**

Alte Kirche St. Niklaus

12 SCHWAMENDINGEN

In der ersten schriftlichen Erwähnung Schwamendingens 915 vermachte der Alemanne Picho seinen Grundbesitz dem Grossmünster-Kloster. Gerade einmal zehn Häuser standen damals auf Schwamendinger Boden. Dem Kloster gehörend, war man dem Grossmünster zinspflichtig. Als Kehlhof bezeichnete man den Sitz der Verwaltung und der Keller sorgte dafür, dass der Zehnte ans Grossmünster floss. Stark in Mitleidenschaft gezogen wurde der Kehlhof im Alten Zürichkrieg, als die Schwyzer und die übrigen Eidgenossen rund um Zürich viele Dörfer abbrannten. Der 1436 als Erbschaftsstreit aufgeflammte Konflikt dauerte über zehn Jahre und in seinem Verlauf mischten fast alle Großmächte des europäischen Spätmittelalters mit. Die Zürcher verbündeten sich mit den Österreichern, während sich die Eidgenossen mit den Franzosen und Habsburgern schlugen. Die Habsburger bildeten eine Koalition mit deutschen Fürsten, konnten aber

Kehlhof

trotzdem keine Erfolge erzielen gegen die Eidgenossen. Zehn Jahre später kam es zu einem Friedensschluss. Die Zürcher bekamen ihre Landschaft zurück, mussten aber ihr Bündnis mit den Österreichern lösen. Was sich seltsam anhört, ist wahr: Diese Ereignisse festigten die Eidgenossenschaft, die bis 1848 als loser Staatenbund funktionierte.

Vom früheren Kehlhof gehen wir zurück Richtung Schwamendingerplatz, folgen dem Stettbachweg, gehen über den Platz zwischen Migros und Restaurant Blume, überqueren die Winterthurerstrasse und drehen uns leicht links zum 10 **Hirschen.** In einer Zeit, als es noch keine Tram und keine Züge gab, führte die Straße nach Zürich durch Schwamendingen. Die letzte große Herausforderung für die Fuhrwerke, um in die Stadt zu gelangen, war die Anhöhe beim Milchbuck. Dutzende von Postkutschen und Pferdezüge zogen täglich vorbei. In Schwamendingen ließ man die Zugtiere ein letztes Mal rasten und wenn nötig neu beschlagen. Eine wichtige Bedeutung kam dem Hirschen zu: Vor dem Wirtshaus gab es eine Waage, auf der die Fuhrwerke gewogen werden konnten. Bei schweren Wagenladungen konnte man für die bevorstehende Steigung zusätzliche Zugtiere dazumieten. Die Fuhrhalterei des Hirschen hielt dafür 20 bis 25 Pferde. An besonders geschäftigen Tagen stellten die Bauern des Dorfes alle verfügbaren Zugtiere, auch Ochsen und sogar Kühe, zur Verfügung. Nicht nur der Hirschen, auch die Dorfschmiede profitierte davon, stellte Werkzeuge und Nägel her und beschlug Pferde. Als die erste Bahnlinie zwischen Zürich und Baden 1847 den Betrieb aufnahm, folgte kurz darauf die Verlängerung nach Winterthur. Die Bevölkerung befürchtete allerdings, den Verstand zu verlieren, beim Anblick der „rasenden Ungetümer“ und verhinderte eine Linienführung durch Schwamendingen. Nach zähen Verhandlungen einigte man sich darauf, die Strecke durch Oerlikon zu führen. Das sollte weitreichende Folgen haben: Der Fuhrwerksverkehr versank in Bedeutungslosigkeit, Oerlikon boomte und wurde dank der Eisenbahnanbindung zur Industriestadt. Wir gehen den kurzen Weg wieder zurück und erreichen nach wenigen Schritten unseren Startpunkt.

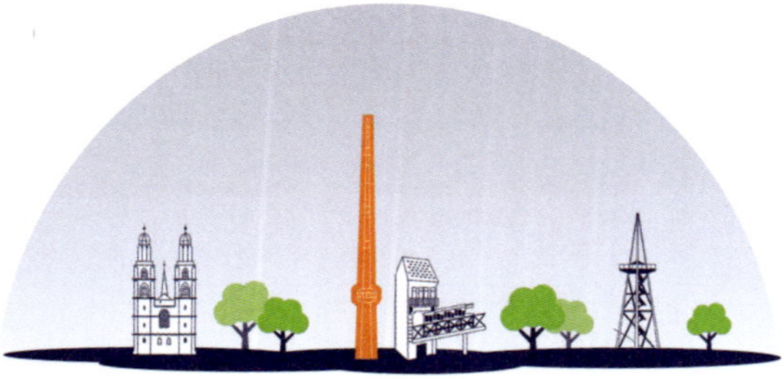

Die Deutsche Nationalbibliothek verzeichnet diese Publikation in der Deutschen Nationalbibliografie; detaillierte bibliografische Daten sind im Internet über http://dnb.d-nb.de abrufbar.

2., aktualisierte Auflage 2024
Konzeption/Gestaltung/Satz: Droste Verlag, Düsseldorf
Einbandgestaltung und Illustrationen: Britta Rungwerth, Düsseldorf
Fotos: Coco Petit
Karten: Angelika Solibieda/cartomedia, Karlsruhe
Druck und Bindung: LUC GmbH, Greven

FSC www.fsc.org
MIX
Papier | Fördert gute Waldnutzung
FSC® C011279

ISBN 978-3-7700-2308-0
www.droste-verlag.de